（宋）蘇軾　撰

明成化本東坡七集

第一一册

國家圖書館出版社

第二册目録

東坡後集二十卷（卷第四—七）

卷第六……八五

重刊明成化本東坡七集

東坡後集卷第四

詩七十首

劉醜厮詩

劉生望都民病羸寄空窖有子曰醜厮十二行摽鄙
攩間得餘粒雪中拾墮稚飢能共生死水火同棲漂
病翁待一褐度此積雪宵哀哉二鼠貧劇去如飢鵠
翁既死於凍妻亦易此齠崎嶇走亭長不憚雪徑遙
我欣視[illegible]死物色同遊遨行路為出涕二家竟就集
譊譊訴我庭慷慨驚吾僚曰此可名寄追配郴之蕘
恨我非柳子擊節為爾謳官賜二萬錢無家可歸嬌

為媾他日婦婉然初垂髫洗沐作小史裹頭東其腰
筆硯耕學苑戈矛戰天驕壯大隨所好忠孝福可徼
相國有折脇封侯或吹簫人事豈易料勿輕此僬僥

題毛女真

霧鬢風鬟木葉衣山川良是昔人非祗應閑過商顏
老獨自吹簫月下歸

寄餾合刷餅與子由

老人心事日摧頹宿火通紅手自焙小甑短餅良具
足稈兒嬌女共燔煨寄君東閤閑烝栗知我空堂坐
畫灰約束家僮好收拾故山梨棗待翁來

次韻子由清汶老龍珠丹

天公不解防癡龍玉函寶方出龍宮雷霆下索無處避逃入先生衣袂中先生不作金椎袖玩世徜徉隱屠酒夜光明月空自投一鍛何勞緯蕭手黄門寡好心易足荆棘不生梨棗熟玄珠白璧兩無求無脛金丹來入腹㞎㞎分别笑樂天那知空門不是仙

次韻子由書清汶老所傳秦湘二女圖

春風消氷失瑶玉我本無身安有觸羊生得婦如得風握手一笑未為辱先生室中無天遊佩環何處鳴風颰隨魔未必皆魔女但與分燈遺歸去胡為寫真

傳世人更要維摩一轉語丹元茅茨祇三間太極老
人時徃還點檢凡心早除拂方平神鞭常使物

紫團參寄王定國一首

谽谺土門口突兀太行頂豈惟團紫雲實自俯倒景
剛風被草木真氣入茗穎舊聞人銜芝生此羊腸嶺
纖纖虎豹鬣蹙縮龍蛇癭蠢蠢頭試小嚼龜息變方騁
矧予明眞子已造浮玉境清宵月挂户半夜珠落井
灰心宖復然汗喘久已静東坡猶故目北藥致遺秉
欲持一椏根往有九轉鼎爲予置齒頰豈不賢酒茗

次韻劉燾撫句蜜漬荔支一首

時新滿座聞名字別久何人記色香葉似楊梅烝霧
雨花如盧橘傲風霜每憐尊䒷下鹽豉肯與蒲萄壓
酒漿回首驚塵卷飛雪詩情真合與君嘗

立春日小集呈李端叔

白髮已十載青春無一堪不驚新歲換聊與故人談
牛健民聲喜鴉嬌雪意酣霏微不到地和暖要宜蠶
歲月斜川似風流曲水慙行吟老燕代坐睡夢江潭
丞掾頗哀援歌呼誰怕參衰懷久灰槁習氣尚饞貪
白啖本河朔紅消真劒南辛盤得青韭臘酒是黃柑
歸卧燈殘帳醒聞葉打庵須煩李居士重說後三三

次韻曾仲錫元日見寄

蕭索東風兩鬢華年年幡勝翦宮花愁聞塞曲吹蘆管喜見春槃得蓼芽吾國舊供雲澤米（定武齋酒用蘇州米）君家新致雪坑茶（近得曾坑茶）燕南異事真堪記三寸黃柑擘永嘉

子由生日以檀香觀音像及新合印香銀篆槃為壽一首

栴檀婆律海外芬西山老臍柏所薰香螺脫黶來相群能結縹眇風中雲一燈如螢起微焚何時度盡繆篆紋繚繞無窮合復分緜綿浮空散氤氳東坡持是

壽卯君君少與我師皇墳旁貧老聃釋迦文共戹中年黠蠅蚊晩遇斯須何足云君方論道承華勆我亦旗鼓嚴中軍國恩當報敢不勤但願不為世所醺爾來白髮不可耘問君何時返鄉枌收拾散亡理放紛此心實與香俱焄聞思大士應已聞

次韻李端𭉈送保倅翟安常赴闕兼寄子由

中山保塞兩窮邊卧治雍容已百年顧我迂愚分竹使與君談笑用蒲鞭松荒三徑思元亮草合平池憶惠連白髮歸心憑說與古來誰似兩踈賢

中山松醪寄雄守王引進

鬱鬱蒼髯千歲姿肯來盃酒作兒嬉流芳不待龜巢
葉唐人以荷葉爲酒盃謂知若筩酒掃白聊須鶴鷺踏枝醉羣更成歌
雪舞醒時與作蕭風驊馬軍走送非無意玉帳人閑
合有詩

次韻李端叔謝送牛戩鴛鴦竹石圖一首

聞君說西戎廢食忘蚤晚王師本不陣賊壘何足剗
守邊在得士此語要而簡知君論將口似我識畫眼
笑指塵壁間此是老牛戩平生師衛玠非意當理遣
詠君定何人未用市朝顯置之勿復道世俗固多舛

歸去亦何須單車渡敎澠如蟲得羽化已脫安用璽
家書空萬軸涼曝困舒卷念當掃長物閉息默自熯
此畫聊付君幽處得小展新詩勿縱筆群吠驚邑犬
時來未可知妙斲待輪扁

次韻聰上人見寄

前身本同社宿業獨臨邊一悟鏡空老始知圓澤賢
歸心忘犢佩生術寄羊鞭不似歐陽子空留六一泉

次韻王雄州還朝留別

老李威名八十年壁間精悍見遺顏自聞出守風流
似稍覺承平氣象還但遣詩人歌杕杜不妨侍女唱

陽關内朝接武知何日白髮羞歸供奉班

三月二十日多葉杏盛開

零露泫月蘂温風散晴葩春工了不睡連夜開此花

芳心誰翦刻天質自清華惱客香有無弄粧影横斜

中山古戰國殺氣浮高牙叢臺餘袨服易水雄悲笳

自從此花開玉肌洗塵沙坐令游俠窟化作温柔家

我老念江海不飲空咨嗟明年花開時舉酒望三巴

蓋欲請梓州而歸也

三月二十日開園三首

雪髯霜鬢語傖獰澹蕩園林取次行要識將軍不凡

臨城道中作 并引

十連別酒回頭便陳迹歸數端合發初筵
將故應驚羽落空弦追鋒歸去雄三衛撥鐵重來定
威聲又數中興年二虜行當一矢聯聞道分城得真

次韻王雄州送侍其涇州

翠竹江村路送我柴門月色新
鬱鬱蒼髯真道友絲絲紅萼是鄉人紅萼梅崇蒼髯松也何時
下落花飛絮滿衣襟
西園杜鵑夜沉沉尚有遊人卧柳陰鸛睡覺時風露
意從來秋毀小人羹老酒食是日歎矣

予初赴中山連日風埃未嘗了了見太行也今將適嶺表頗以是爲恨過臨城内丘天氣忽清徹西望太行草木可數岡巒北走崖谷秀傑忽悟歎曰吾南遷其速返乎退之衡山之祥也書以付邁使志之

逐客何人著眼看太行千里送征鞍未應愚谷能留柳可獨衡山解識韓

過湯陰市得豌豆大麥粥示三兒子一首

朔野方赤地河壖但黃塵秋霖暗豆漆夏旱臞麥人逆旅唱晨粥行庖得時珎青班照匕筋脆響鳴牙齗玉食謝故吏風飡便逐臣漂零竟何適浩蕩寄此身

爭勸加飲食實無負吏民何當萬里客歸及三年新

子由新脩汝州龍興寺吴畫壁

丹青久衰工不蓺人物尤難到今世每摹市井作公卿畫手懸知是徒隸吴生已與不傳死那復典刑留近歲人間幾處變西方盡作波濤翻海勢細觀手面分轉側妙算毫釐得天契始知真放本精微不比狂花生客慧似聞遺墨留汝海古壁蝸涎可垂涕力捐金帛扶棟宇錯落浮雲卷新霽使君坐嘯清夢餘幾疊衣紋數衿袂他年弔古知有人姓名聊記東坡弟

過高郵寄孫君孚一首

過淮風氣清一洗塵埃容水木漸幽茂菰蒲雜游龍
可憐夜合花青枝散紅茸美人游不歸一笑當誰供
故園在何處已偃手種松我行忽失路歸夢山千重
聞君有負郭二頃收横從卷野畢秋穫般牀聞夜舂
樂哉何所憂社酒粥面醲宦游豈不好毋令到千鍾

僕所至未嘗出遊過長蘆聞天禪師病甚
不可不一問既見則有問矣明日阻風復留
見之作三絕句呈聞復并請轉呈參寥子
各賦數首

亦知壷子不死敢問老聃所游瑟瑟寒松露骨耽耽

病虎垂頭
莫言西蜀萬里且到南華一游扶病江邊送客杖拏
浦口回頭
老去此生一訣興來明日重游卧聞三老白事半夜
南風打頭
六月七日泊金陵阻風得鍾山泉公書寄
詩為謝
今日江頭天色惡礮車雲起風欲作獨望鍾山喚寶
公林間白塔如孤鶴寶公骨冷喚不聞却有老泉來
喚人電眸虎齒霹靂舌為子吹散千峰雲南行萬里

亦何事一酌曹谿知水味他年若畫蔣山圖爲作泉公喚居士

贈清涼寺和長老

代北初辭沒馬塵江南來見卧雲人問禪不契前三語施佛空留丈六身老去山林徒夢想雨餘鍾鼓更清新會湏一洗黄茅瘴未用深藏白氎巾

予前後守倅餘杭凡五年夏秋之間烝熱不可過獨中和堂東南頰下瞰海門洞視萬里三伏常蕭然也紹聖元年六月舟行赴嶺外熱甚忽憶此處而作是詩

忠孝王家千桂宫東坡作吏五年中中和堂上東南
頰獨有人間萬里風

慈湖夾阻風五首

捍索桅竿立嘯空篙師酣寢浪花中故應菅蒯知心
腹弱纜能爭萬里風

此生歸路愈茫然無數青山水拍天猶有小船來賣
餅喜聞墟落在山前

我行都是退之詩眞有人家水半扉千頃桑麻在船
底空餘石髮挂魚衣

月輪亭千汗珠𩉬誰識南訛長養功暴雨過雲聊一

快未妨明月却當空
卧看落月橫千丈起喚清風得半帆且並水村攲側
過人間何處不巉巖

過廬山下一首 并引

予過廬山下雲物騰涌黙有禱焉未午衆峰凛然故
作是詩

亂雲欲霾山勢與飄風南群隮相應和勇往爭驂驔
可憐蓊蔚中時出紫翠嵐鴈没失東嶺龍騰見西龕
一時供坐笑百態變立談暴雨破坱圠清飈掃渾酣
廓然歸何處陋矣安足戡亭亭紫霄峰窈窈白石庵

五老數松雪雙谿落天潭雖云默禱應顧有移文懸

壺中九華詩 并引

湖口人李正臣蓄異石九峰玲瓏宛轉若窗櫺然予欲以百金買之與仇池石為偶方南遷未暇也名之曰壺中九華且以詩記之

清谿電轉失雲峰夢裏猶驚翠掃空五嶺莫愁千嶂外九華今在一壺中天池水落層層見玉女囪明處處通念我仇池太孤絶百金歸買碧玲瓏

江西一首

江西山水眞吾邦白沙翠竹石底江舟行十里磨九

瀧篙聲挙硧相舂撞醉卧欲醒聞淙淙眞欲一口吸
老龎何人得儁窺魚矼舉乂絶吽尺鯉雙

秧馬歌一首 并引

過廬陵見宣徳郎致仕曾君安止出所作禾譜文既
温雅事亦詳實惜其有所缺不譜農器也予昔游武
昌見農夫皆騎秧馬以榆棗為腹欲其滑以楸桐為
背欲其輕腹如小舟昂其首尾背如覆瓦以便兩髀
雀躍于泥中繫束藁其首以縛秧日行千畦較之傴
僂而作者勞佚相絶矣史記禹乗四載泥行乗橇解
者曰橇形如箕擿行泥上豈秧馬之類乎作秧馬歌

一首附于禾譜之末云

春雲濛濛雨凄凄春秧欲老翠剡齊嗟我婦子行水泥朝分一壠莫千畦腰如箜篌首啄雞筋煩骨殆聲酸嘶我有桐馬手自提頭尻軒昂腹脇低背如覆瓦去角圭以我兩足為四蹄聳踊滑汰（入聲）如鳧鷖纖纖束槀亦可齎何用繁纓與月題朅從畦東走畦西山城欲閉聞鼓鼙忽作的盧躍檀溪歸來挂壁從高栖了無芻秣飢不啼少壯騎汝逮老鬻何曾蹶軼防顛擠錦韉公子朝金閨笑我一生蹋牛犂不知自有木駃騠

八月七日初入贛過惶恐灘

七千里外二毛人十八灘頭一葉身山憶喜歡勞遠夢蜀道有錯喜歡鋪在大散關上地名惶恐泣孤臣長風送客添帆腹積雨扶舟減石鱗便合與官充水手此生何止略知津

鬱孤臺以下四首皆虔州

八境見圖畫鬱孤如舊游山爲翠浪涌水作玉虹流日麗崆峒曉風酣章貢秋丹青未變葉鱗甲欲生洲嵐氣昏城樹灘聲入市樓煙雲侵嶺路草木半炎州故國千峰外高臺十日留他年三宿處準擬繫歸舟

廉泉

水性故自清不清或撓之君看此廉泉五色爛摩尼
廉者爲我廉我以此名爲有廉則有貪有慧則有癡
誰爲柳宗元孰是吴隱之漁父足豈潔許由耳何淄
紛然立名字此水了不知毁譽有時盡不知無盡時
朅來廉泉上捋須看鬢眉好在水中人到處相娱嬉

塵外亭

楚山澹無塵贛水清可厲散策塵外游麾手謝此世
山高惜人力十步輒一憩却立浮雲端俯視萬井麗
幽人宴坐處龍虎爲斬薙馬駒獨何疑豈墮山鬼計

夜垣非助我謬敬欲其逝戲留一轉語千載起攘袂

天竺寺 并引

予年十二先君自虔州歸爲予言近城山中天竺寺
有樂天親書詩云一山門作兩山門兩寺元從一寺
分東澗水流西澗水南山雲起北山雲前臺花發後
臺見上界鍾清下界聞遥想吾師行道處天香桂子
落紛紛筆勢奇逸墨迹如新今四十七年矣予來訪
之則詩已亡有刻石存耳感涕不已而作是詩

香山居士留遺迹天竺禪師有故家空詠連珠吟疊
璧已亡飛鳥失驚蛇林深野桂寒無子雨浥山薑病

有花四十七年真一夢天涯流落涕横斜

過大庾嶺一首

一念失垢汙身心洞清淨浩然天地間惟我獨也正今日嶺上行身世永相忘仙人拊我頂結髮授長生

宿建封寺曉登盡善亭望韶石三首

雙闕浮空照短亭至今猿鳥嘯青熒君王自此西巡狩再使魚龍舞洞庭

蜀人文賦楚人辭堯在崇山舜九疑聖主若非真得道南來萬里亦何為

嶺海東南月窟西功成天已錫玄珪此方定是神仙

宅禹亦東來隱會稽

月華寺一首 寺鄰岑水場施者皆坑戶也百年間蓋三焚矣

天公胡為不自憐結土融石為銅山萬人採斲富媼泣秪有金帛資豪姦脫身獻佛意可料一瓦坐待千金還月華二火豈天意至令茇舍依榛菅僧言此地本龍象興廢反掌曾何艱高巖夜吐金碧氣曉得異石青斕斑坑流窟發錢湧地莫施百鎰朝千鍰此山出寶以自賊地脉已斷天應慳我願銅山化南畝爛漫黍麥蘇惸鰥道人修道要底物破鐺煮飯茆三間

南華寺一首

云何見祖師要識本來面亭亭塔中人問我何所見
可憐明上座萬法了一電飲水既自知指月無復眩
我本脩行人三世積精練中間一念失受此百年譴
掘衣禮眞相感動淚雨霰借師錫端泉洗我綺語硯

碧落洞一首 在英州下十五里

槎牙亂峰合晃蕩絕壁橫遥知紫翠間古來仙釋幷
陽崖射朝日高處連玉京陰谷扣白月夢中游化城
果然石門開中有銀河傾幽龕入窈窕別戶穿虛明
泉旒下珠琲乳蓋交纓纓我行畏人知恐為仙者迎
小語輙響荅空山自雷驚策杖歸去來治具煩方平

峽山寺一首 傳奇所記孫恪袁氏事即此寺至今有人見白猿者

天開清遠峽地轉凝碧灣我行無遲速攝衣步孱顔山僧本幽獨乞食况未還雲碓水自舂松門風爲關石泉解娛客琴筑鳴空山佳人劍翁孫游戲暫人間忽憶嘯雲侶賦詩留玉環林空不可見霧雨霾髻鬟

舟行至清遠縣見顧秀才極談惠州風物之美一首

到處聚觀香案吏此邦宜着玉堂仙江雲漠漠桂花濕海雨翛翛荔子然聞道黄柑常抵鵲不容朱橘更論錢恰從神虎來弘景便向羅浮見稚川

廣州蒲澗寺一首（地產菖蒲十二節相傳安期生之故居始皇訪之於此）

不用山僧導我前自尋雲外出山泉千章古木臨無地百尺飛濤瀉漏天舊日菖蒲方士宅後來詹蔔祖師禪而今秪有花含笑笑道秦皇欲學仙（山中多含笑花）

贈蒲澗信長老一首

優鉢曇花豈有花問師此曲唱誰家已從子美得桃竹（此山有桃竹可作杖而土人不識予始録子美詩遺之）不向安期覓棗瓜燕坐林間時有虎高眠粥後不聞鴉勝游自古兼支許為採松肪寄一車

發廣州一首

朝市日已遠此身良自如三杯軟飽後（浙人謂飲酒為軟飽）一枕黑甜餘（俗謂睡為黑甜）蒲澗疏鐘外黃灣落木初天涯未覺遠處處各樵漁

浴日亭一首（在南海廟前）

劍氣崢嶸夜插天瑞光明滅到黃灣坐看暘谷浮金暈遙想錢塘湧雪山已覺滄涼蘇病骨更煩沆瀣洗衰顏忽驚烏動行人起飛上千峰紫翠間

游羅浮山一首示兒子過

人間有此白玉京羅浮見日雞一鳴南樓未必齊日

觀欝儀自欲朝朱明劉夢得有詩記羅浮夜半見日事山不甚高而夜見日此可異也山有二石樓今延祥寺在南樓下朱明洞在冲虛觀後云是蓬萊第七洞天東坡之師抱

朴老眞契丞已交前生玉堂金馬久流落寸田尺宅

今歸耕道華亦嘗啖一棗唐永樂道士侯道華竊食鄧天師藥仙去永樂有無核棗人不可得道華獨得之予在岐下亦嘗得食一枚契虛正欲仇三彭唐僧契虛遇人導游稚川仙府眞人問曰汝絕三彭之仇乎契虛不能答鐵橋石柱連空橫山有鐵橋石柱人罕至者杖藜欲趁飛猱輕雲谿夜逢瘖虎伏山有啞虎巡山斗壇晝出銅龍獵冲虛觀後有朱眞人朝斗壇近於壇上獲銅龍六銅魚一小

兒少年有奇志中宵起坐存黃庭近者戲作淩雲賦

筆勢髣髴離騷經負書從我盍歸去群仙正草新宮

銘汝應奴隸蔡少霞我亦季孟山玄卿唐有夢書新宮銘者云紫陽真人山玄卿撰其略曰良常西麓原澤東泄新宮宏宏崇軒轆轆又有蔡少霞者夢人遣書碑略曰公昔乘魚車今履瑞雲躅空仰塗綺輅輪困其末題云五雲書閣吏蔡少霞書還須略報老

同叔贏糧萬里尋初平子由一字同叔

十月二日初到惠州一首

髣髴曾游豈夢中欣然雞犬識新豐吏民驚怪坐何事父老相携迎此翁蘇武豈知還漠北管寧自欲老遼東嶺南萬戶皆春色嶺南萬戶酒會有幽人客寓公

寓居合江樓一首

海山蔥曨氣佳哉二江合處朱樓開蓬萊方丈應不

遠肯為蘇子浮江來江風初涼睡正美樓上啼鴉呼
我起我今身世兩相違西流白日東流水樓中老人
日清新天上豈有癡仙人三山咫尺不歸去一盃付
與羅浮春（予家釀酒名羅浮春）

白水山佛迹巖一首（羅浮之東麓也在惠州東北二十里）

何人守蓬萊夜半失左股浮山若鵬蹲忽展垂天羽
根株互連絡崖嶠爭吞吐神工自爐韛融夜相綴補
至今餘隙罅流出千斛乳方其吹合時天匠麾月斧
帝觴分餘瀝山骨醉后土峯巒尚開闔澗谷猶呼舞
海風吹未凝古佛來布武當時汪罔氏投足不蓋拇

青蓮雖不見千古落花雨雙谿匯九折萬馬騰一鼓
奔雷濺玉雪潭洞開水府潛鱗有飢蛟掉尾取渴㢊
我來方醉後濯足聊戲侮回風卷飛雹掠面過強弩
山靈莫惡劇微命安足賭此山吾欲老慎勿厭求取
谿流變春酒與我相賓主當連青竹竿下灌黃精圃

詠湯泉一首 在白水山

積火焚大槐蓄油災武庫驁然丞相井疑浣將軍布
自憐耳目隘未測陰陽故欝攸火山裂觱沸湯泉注
豈惟渴獸駭坐使癡兒怖安能長魚鱉僅可尋狐兔
山中惟木客户外時芒屨雖無傾城浴幸免亡國汙

自笑一首

予石如琢玉遠煙眞削黳入我病風手（古語云磨墨如病風手）玄雲渰淒淒是中有何好而我喜欲迷既似蠟屐阮又如鍛柳嵇醉筆得天全宛宛天投霓多謝中書君伴我此幽棲

朝雲詩（并引）

世謂樂天有粥駱馬放楊柳枝詞嘉其主老病不忍去也然夢得有詩云春盡絮飛留不得隨風好去落誰家樂天亦云病與樂天相伴住春隨樊子一時歸則是樊素竟去也予家有數妾四五年相繼辭去獨

朝雲者隨予南遷因讀樂天集戲作此詩朝雲姓王
氏錢塘人嘗有子曰幹兒未朞而夭云
不似楊枝别樂天恰如通德伴伶玄阿奴絡秀不同
老天女維摩揔解禪經卷藥爐新活計舞衫歌扇舊
因緣丹成逐我三山去不作巫陽雲雨仙

寄虎兒一首

獨倚桄榔樹閑挑蓽撥根謀生看拙否送老此蠻村

十一月二十六日松風亭下梅花盛開一
首

春風嶺上淮南村昔年梅花曾斷魂（予昔赴黃州春風嶺上見梅花

有兩絕句明年正月徃岐亭道中賦詩云去年今日關山路細雨梅花正斷魂豈知流落復
相見蠻風蜒雨愁黃昏長條半落荔支浦卧樹獨秀
桄榔園豈惟幽光留夜色直恐冷艷排冬溫松風亭
下荆棘裏兩株玉蘂明朝暾海南仙雲嬌墮砌月下
縞衣來扣門酒醒夢覺起繞樹妙意有在終無言先
生獨飲勿歎息幸有落月窺清樽

再用前韻一首

羅浮山下梅花村玉雪為骨冰為魂紛紛初疑月挂
樹耿耿獨與參横昏先生索居江海上悄如病鶴栖
荒園天香國艷肯相顧知我酒熟詩清溫蓬萊宮中

花鳥使綠衣倒挂扶桑暾抱叢窺我方醉卧故遣豚
木先敲門麻姑過君急洒掃鳥能歌舞花能言酒醒
人散山寂寂惟有落蘂黏空樽嶺南珍禽有倒挂子綠毛紅喙如鸚鵡而
小自海東來非塵埃間物也

新釀桂酒一首

擣香篩辣入餅盎盎盎春谿帶雨渾收拾小山藏社
甕招呼明月到芳樽酒材已遣門生致菜把仍叨地
主恩爛煮葵羹斟桂醑風流可惜在蠻村

惠守詹君見和復次韻一首

已破誰能惜甑盆頹然醉裏得全渾欲求公瑾一囷

米試滿莊生五石樽三盃卯困忘家事萬戶春濃感
國恩刺史不須邀半道籃輿未暇走山村

花落復次前韻一首

玉妃謫墮煙雨村先生作詩與招魂人間草木非我
對奔月偶桂成幽昏闇香入戶尋短夢青子綴枝留
小園披衣連夜喚客飲雪膚滿地聊相溫松明照坐
愁不睡井花入腹清而暾先生年來六十化道眼已
入不二門多情好事真習氣惜花未忍終無言留連
一物吾過矣笑領百罰空罍樽

東坡後集卷第四

東坡後集卷第五

詩六十七首

江郊一首 并引

惠州歸善縣治之北數百步抵江少西有盤石小潭可以垂釣作江郊詩云

江郊葱曨雲水蒨絢碕岏斗入洄潭輪轉先生悅之布席閭燕初日下照潛鱗俯見意釣忘魚樂此竿綫優哉悠哉玩物之變

詹守攜酒見過用前韻作詩聊復和之一首

箕踞狂歌老瓦盆燎毛燔肉似羌渾傳呼草市來攜
客灑掃漁磯共置樽山下黃童爭看舞江干白骨已
銜恩時詹方議瘞暴骨孤雲落日西南望長羨歸鴉自識村

寄鄧道士一首并引

羅浮山有野人相傳葛稚川之隸也鄧道士守安山
中有道者也嘗於庵前見其足迹長二尺許紹聖二
年正月十日予偶讀韋蘇州寄全椒山中道士詩云
今朝郡齋冷忽念山中客澗底束荆薪歸來煮白石
遥持一樽酒遠慰風雨夕落葉滿空山何處尋行迹
乃以酒一壺仍依蘇州韻作詩寄之云

一盃羅浮春遠餉採薇客遥知獨酌罷醉卧松下石

幽人不可見清嘯聞月夕聊戲庵中人空飛本無迹

上元夜一首

前年侍玉輦端門萬枝燈璧月挂罘罳珠星綴觚稜

去年中山府老病亦宵興牙旗穿夜市鐵馬響春氷

今年江海上雲房寄山僧亦復舉膏火松間見層層

散策桄榔林林疎月鬅鬙使君置酒罷簫鼓轉松陵

狂生來索酒（賈道人也）一舉輙數升浩歌出門去我亦歸

瞢騰

正月二十四日與兒子過賴仙芝王原秀

才僧曇潁行全道士何宗一同游羅浮道

院及栖禪精舍過作詩和其韻寄邁迨一

首

斷橋隔勝踐脫屨欣小揭瘴花已繁紅官柳猶疎細

斜川二三子悼歎吾年逝淒涼羅浮館風壁頹雨砌

黄冠常苦飢迎客羞破袂仙山在何許歸鶴時墮毳

崎嶇拾松黄欲救齒髮弊坐令禪客笑一夢等千歲

栖禪晚置酒蠻果粲蕉荔齋厨釜無羹野餉籃有蕙

嬉游趁時節俯仰了此世猶當洗業障更作臨水禊

寄書陽羨兒并語長頭弟門户各努力先期畢租税

正月二十六日偶與數客野步嘉祐僧舍東南野人家雜花盛開扣門求觀主人林氏媼出應白髮青裙少寡獨居三十年矣感歎之餘作詩記之一首

縹蔕緗枝出絳房綠陰青子送春忙涓涓泣露紫含笑焰焰燒空紅佛桑落日孤煙知客恨短籬破屋為誰香主人白髮青裙袂子美詩中黃四娘

龍尾石硯寄猶子遠

皎皎穿雲月青青出水荷文章工點黜忠義老研磨偉節何須怒寬饒要少和吾衰此無用寄與小東坡

遠為人
類予

贈王子直秀才一首

萬里雲山一破裘杖端閑挂百錢游五車書已留兒
讀二頃田應為鶴謀水底笙歌蛙兩部山中奴婢橘
千頭幅巾我欲相随去海上何人識故侯

次韻表兄程正輔江行見桃花一首

曲士賦懷沙草木傷莽莽德人無荆棘坐失嶺嶠阻
我兄瑚璉姿流落瘴江浦淨眼見桃花紛紛墮紅雨
蕭然振衣裓笑問散花女我觀解語花粉色如黄土
一言破千偈况爾初不語可憐一轉話他日如何舉

故復此微吟聊和鷗鵜樛江邊閑草木閑客當爲主爾來子美瘦正坐作詩苦袖手焚筆硯清篇眞漫與願兄理北轅六轡去如組上林桃花開水暖鴻北翥

追餞正輔表兄至博羅賦詩爲别一首

孤臣南游墮黄菅君亦何事來牧蠻艤舟蜑户龍岡窟置酒椰葉桄榔間高談已笑衰語陋傑句尤覺清詩孱博羅小縣僧舍古我不忍去君忘還君應回望秦與楚夢涉漢水愁秦關我亦坐念高安客神游黄蘗參洞山何時曠蕩洗瑕謫與君歸駕相追攀梨花寒食隔江路兩山遥對雙烟鬟歸耕不用一錢物惟

要兩脚飛孱顏玉牀丹鏃記分我助我金鼎光爛斑

再用前韻賦一首

樂天霜鬢鬢如霜菅始知謝遣素與蠻我兄緑髮蔚如故已了夢幻齊人間蛾眉勸酒聊爾耳處仲太忍茂弘孱三盃徑醉便歸卧海上知復幾往還連娟六公趚踘鞠杳眇三疊縈陽闗酒醒夢斷何所有落花流水空青山忽驚鐃鼓發半夜明月不許幽人攀贈行無物惟一語莫遣瘴霧侵雲鬟羅浮道人一傾蓋欲繫白日留君顏應知我是香案吏他年許綴蓬萊班

真一酒一首 并引

米麥水三一而已此東坡先生真一酒也

撥雪披雲得乳泓蜜蜂又欲醉先生（真一色味頗類予在黃州日所醞蜜酒也）稻垂麥仰陰陽足器潔泉新表裏清曉日着顔紅有暈春風入髓散無聲人間真一東坡老與作青州從事名

游博羅香積寺一首 幷引

寺去縣七里三山犬牙夾道皆美田麥禾甚茂寺下谿水可作碓磨若築塘百步閘而落之可轉兩輪舉四杵也以屬縣令林抃使督成之

二年流落蠹魚鄉朝來喜見麥吐芒東風搖波舞淨

綠初日泫露酣嬌黄汪汪春泥已沒膝剡剡秋轂初分秧誰言萬里出無友見此二美喜欲狂三山屏擁僧舍小一谿雷轉松陰涼要令水力供臼磨與相地脉增隄防霏霏落雪看收麪隱隱疊鼓聞舂糠散流一啜雲子白炊裂十字瓊肌香豈惟牢九薦古味東晳餅賦云漫頭薄持起搜牢九要使真一流仙漿詩成捧腹便絶倒書生說食真膏肓

次韻定慧欽長老見寄八首

蘇州定慧長老守欽使其徒卓契順來惠州問予安否且寄擬寒山十頌語有粲忍之通而詩無島可之

寒吾共嘉之為和八首

左角看破楚南柯聞長滕鈎簾歸乳鷰穴紙出癡蠅

為鼠常留飯憐蛾不點燈崎嶇真可笑我是小乘僧

鐵橋本無柱石樓豈有門舞空五色羽吹雲千歳根

松花釀仙酒木客餽山飧我醉君且去陶云吾亦云

羅浮高萬仞下看扶桑卑默坐朱明洞玉池自生肥

從來性坦率醉語漏天機相逢莫相問我不記吾誰

幽人白玉觀大士甘露滅根塵各清淨心境兩奇絶

真源未純熟習氣餘陋劣譬如已放鷹中夜時掣紲

誰言窮巷士乃竊造物權所見皆我有安居受其全

戲作一篇書千古發爭端儒墨起相殺予初本無言
閒居蓄百毒救彼跛與盲依山作陶穴掩此暴骨橫
區區效一溉豈能濟含生力惡不已出時哉非汝爭
少壯欲及物老閑餘此心微生山海間坐受瘴霧侵
可憐鄧道士攝衣問呻吟覆舟却私渡斷橋費千金
淨名毘耶中妙喜恒沙外初無往來相二士同一在
云何定慧師尚欠行脚債請判維摩憑一到東坡界

三月十九日攜白酒鱸魚過詹史君食槐

葉冷淘一首

枇杷已熟粲金珠桑落初嘗灩玉蛆暫借垂蓮十分

越井岡頭雲出山牂牁江上水如天牀牀避漏幽人

連雨江漲二首

當憐水旱誤不作舟車蓄江流儻帶老社酒期郄縮

長驅連山燒一歸含沙毒孤吟思造化何時停奇伏

得非昆侖囚欲報陸渾軍行看北風競來救南國壘

已連漲海匈尚帶霍山綠扶荔更休王角鼈横陵陸

草木生故墟半手滿空儻看江圍草市夜浪浮竹屋

江漲用遢韻一首

禁魚醉能高眠真事業此生有味在三餘

殘一溝空腹五車書胃浮卯鈕槐芋餅紅點冰盤雀

屋浦浦移家蜒子船龍卷魚鰕幷雨落人隨雞犬上

墻眠秖應樓下平堦水長記先生過嶺年

急雨蕭蕭作晚涼卧聞榕葉響長廊微明燈火耿殘

夢半濕簾帷浥舊香高浪隱牀吹甕盎闇風驚樹擺

琳琅先生不出晴無用留向空堦滴夜長

四月十一日初食荔支一首

南村諸楊北村盧謂楊梅盧橘也白花青葉冬不枯垂黃綴

紫煙雨裏特與荔支爲先驅海山仙人絳羅襦紅紗

中單白玉膚不須更待妃子笑風骨自是傾城姝不

知天工有意無遣此尤物生海隅雲山得伴松檜老

霜雪自困楂梨籢先生洗残酌桂醑氷槃薦此頳虬
珠似開江鰩斫玉柱更洗河豚烹腹腴（予嘗謂荔支厚味高格兩絶果中無比惟江鰩柱河豚魚近之耳）我生涉世本爲口一官久已輕
蓴鱸人間何者非夢幻南來萬里真良圖

桄榔杖寄張文潛一首時初聞黄魯直遷
黔南范淳父九疑也

睡起風清酒在亡身隨殘夢兩茫茫江邊曳杖桄榔
瘦林下尋苗華撥香獨步儻逢峋嶁令遠來莫恨曲
江張遥知魯國真男子獨憶平生盛孝章

荅周循州一首

蔬飯藜牀破衲衣掃除習氣不吟詩前生似是盧行者後學過呼韓退之未敢扣門求夜話時叨送米續晨炊知君清俸難多輟且覓黃精與療飢

次韻程正輔游碧落洞一首

空山不難到絶境未易名何時謫仙人來作鈞天聲胸中幾雲夢餘地方恢宏長庚與北斗錯落綴冠纓黃公獻紫芝赤松餽青精谿山久寂寞請續離騷經抱枝寒蜩咽繞耳飛蚊清謫仙拊掌笑笑此羽皇銘我項嘗獨游自遣孤雲情君今又繼往霧雨愁青冥感君兄弟意尋羊問初平玉牀分箭鏃不忍獨長生

詩成輙寄我妙絶陶謝并孤鴻方避弋老驥猶在坰

鳥獸如可群永寄槁木形何山不堪隱飲水自脩齡

六月十二日酒醒步月理髮而寢一首

羽蟲見月爭翩䎀我亦散髮虛明軒千梳冷快肌骨

醒風露氣入霜蓬根起舞三人漫相屬停盃一問終

無言曲肱薤簟有佳處夢覺瓊樓空斷魂

荔支歎一首

十里一置飛塵灰五里一堠兵火催顛坑仆谷相枕

藉知是荔支龍眼來飛車跨山鶻横海風枝露葉如

新採宫中美人一破顔驚塵濺血流千載永元荔支

來交州天寶歲貢取之涪至今欲食林甫肉無人舉觴酹伯游漢永元中交州進荔支龍眼十里一置五里一候奔馳死亡罹猛獸毒蟲之害者無數唐羌字伯游為臨武長上書言狀和帝罷之唐天寶中蓋取涪州荔支自子午谷路進入我願天公憐赤子莫生尤物為瘡痏君不見武夷谿邊粟粒芽前丁後蔡相籠加爭新買寵各出意今年鬬品充官茶吾君所乏豈此物致養口體何陋耶洛陽相君忠孝家可憐亦進姚黃花洛下貢花自錢惟演始大小龍茶始於丁晉公而成於君謨歐陽永叔聞君謨進小龍團驚歎曰君謨士人也何至作此事今年閩中監司乞進鬬茶許之

江月五首 并引

嶺南氣候不常吾嘗云菊花開時乃重陽涼天佳月即中秋不須以日月為斷也今歲九月殘暑方退既望之後月出愈遲然予常夜起登合江樓或與客游豐湖入栖禪寺扣羅浮道院登逍遥堂逮曉乃歸杜子美云四更山吐月殘夜水明樓此殆古今絕唱也因其句作五首仍以殘夜水明樓為韻

一更山吐月玉塔臥微瀾正似西湖上涌金門外看冰輪横海闊香霧入樓寒停鞭且莫上照我一盃殘

二更山吐月幽人方獨夜可憐人與月夜夜江樓下風枝久未停露草不可藉歸來掩關臥唧唧蟲夜話

三更山吐月栖鳥亦驚起起尋夢中游清絶正如此

騅雲掃衆宿俯仰迷空水幸可飲我牛不湏違洗耳

四更山吐月皎皎為誰明幽人赴我約坐待玉繩横

野橋多斷板山寺有微行今夕定何夕夢中游化城

五更山吐月窓迥室幽幽玉鈎還挂户江練却明樓

星河澹欲曉鼓角冷知秋不眠翻五詠清切變蠻謳

聞正輔表兄將至以詩迎之

生逢堯舜仁得作嶺海游雖懐㒪然喜豈免跕墮憂

莫雨侵重腿曉烟騰鬱攸朝槃見蜜唧夜枕聞鵂鶹

幾欲烹鬱屈固甞饌鉤輈舌音漸獠變面汗甞騂羞

賴我存黃庭有時仍丹丘旨聽不任耳踵息殆廢喉
稍欣素月夜遂度黃茆秋我兄清廟器持節瘴海頭
蕭然三家步橫此萬斛舟人言得漢吏天遣活楚囚
惠然再過我樂哉十日留但恨三語賢忽潛九原幽
萬里儻同歸兩鰥當對耰軾喪婦已三年矣正輔近亦有亡嫂之戚故云強
歌非真達何必師莊周

再和

稚川真長生少從鄭公游孝章偶不死免為文舉憂
餘齡會有適獨往豈相攸由來警露鶴不羨撮蚤鷗
願加視後鞭同駕躡空輈寧飡墮齒堇勿憶齊眉羞

何時遂縱壑歸路同首丘著意尋彌明長頸髙結喉
東岡松柏老西嶺橘柚秋無心逐定遠燕頷飛虎頭
君方卒功名一泛范蠡舟我亦沾沛渥漸解鍾儀囚
穿須張子房萬户自擇留猶勝嵇叔夜孤憤甘長幽
南窗可寄傲北山早歸鞿此語君勿疑老彭跨商周

同正輔表兄游白水山一首

偉哉造物真豪縱攫土摶沙為此弄擘開翠峽走雲
雷截破奔流作潭洞因隨化人履巨迹得與仙兄躡
飛鞚曳杖不知巖谷深穿雲但覺衣裘重坐看驚鳥
救霜葉知有老蛟蟠石甕金沙玉礫粲可數古鏡寶

奩寒不動念兄獨立與世踈絶境難到惟我共永詞
角上兩蠻觸一洗胸中九雲夢浮來山高回望失武
陵路絶無人送筠籃擷翠爪甲香素綆分碧銀餠凍
歸路霏霏湯谷晴野堂活活神泉涌解衣浴此無垢
人身輕可試雲閒鳳

與正輔游香積寺一首

越山少松竹常苦野火厄此峰獨蒼然感荷佛祖力
伏苓無人採千歲化虎珀幽光發中夜見者惟木客
我豈無長鑱眞贋苦難識靈苗與毒草疑似在毫髮
把玩竟不食棄置長太息山僧類有道辛苦常谷汲

我慙作機舂鑿破混沌穴幽尋恐不繼書板記歲月

次韻正輔同游白水山一首

秖知楚越為天涯不知肝膽非一家此身如綫自縈繞左回右轉隨繅車誤拋山林入朝市平地咫尺千褒邪欲從稺川隱羅浮先與靈運開永嘉首參虞舜款韶石次謁六祖登南華仙山一見五色羽雪樹兩摘南枝花赤魚白蟹筋屢下黃柑綠橘籩常加糖霜不待蜀客寄荔支莫信閩人誇恣傾白蜜收五稜去声細斸黃土栽三椏正輔分人參一苗歸種韶陽來詩本用椏字惠州無書不見此字所出故且從木奉和朱明洞裏得靈草翩然放杖淩蒼霞豈無

軒車駕熟麻亦有鼓吹號寒蛙仙人勸酒不用勺石
上自有樽罍窪徑從此路朝玉闕千里莫遣毫釐差
故人日夜望我歸相迎欲到長風沙豈知乗槎天女
側獨倚雲機看織紗世間誰似老兄弟篤愛不復相
疵瑕相攜行到水窮處庶幾一見留子嗟千年枸杞
常夜吠無數草棘工藏遮但令凡心一洗濯神人仙
藥不我遐山中歸來萬想滅豈復回顧雙雲鴉

轍有白髮近二十年矣然止百餘莖不增
不減虔州道人王正彥教令拔去以真水
火養之恐不復更生從其言已數月而白

髮不出更年歲不見豈真不生耶子瞻兄

示我月中梳頭詩戲次來韻言拔白之驗

水上有車車自翻懸流如線垂前軒霜蓬已枯不再綠有客勸我抽其根根根一去紫茸茁珎重已試幽人言紛紛華髮不足道當返六十過去魂

和

夏畦流膏白雨翻北窓幽人卧羲軒風輪曉入春筍節露珠夜上秋禾根或為予言草木之長常在昧明間蚤作而伺之乃見其枝起數寸竹筍尤甚又夏秋之交稻方含秀黄昏月出露珠起于其根纍纍然忽自騰上若有推之者或入于莖心或垂于葉端稻乃秀實驗之信然此二事與子由養生之說契故以此為寄從來白髮有

公道始信丹經非妄言此身法報本無二他年妙絶兼形魂傳燈録有形神俱妙者乃不復■解化之事

十一月九日夜夢與人論神仙道術因作一詩八句既覺頗記其語録呈子由弟後四句不甚明了今足成之耳

析塵妙質本來空夢中於此句若了然有所得者更積微陽一綫功照夜一燈長耿耿閉門千息自濛濛養成丹竈無煙火點盡人間有暈銅寄語山神停伎倆不聞不見我何窮

章質夫送酒六壺書至而酒不達戲作小

詩問之

白衣送酒舞淵明急掃風軒洗破觥豈意青州六從事化為烏有一先生空煩左手持新蟹漫繞東籬齅落英南海使君今北海定分百榼餉春耕

小圃五詠

人參

上黨天下脊遼東真井底玄泉傾海腴白露洒天醴靈苗此孕毓肩肢或具體移根到羅浮越水灌清泚地殊風雨隔臭味終祖禰青椏綴紫萼圓實墮紅米窮年生意足黄土手自啓上藥無炮炙齕齧盡根柢

開心定魂魄憂恚何足洗槩身輔吾生既食首重稽

地黄

地黄飼老馬可使光鑒人吾聞樂天語喻馬施之身
我衰正伏櫪垂耳氣不振移栽附沃壤蕃茂爭新春
沈水得稚根重湯養陳薪投以東阿清和以北海醇
崖蜜助甘冷山薑發芳辛融爲寒食餳嚥作瑞露珎
丹田自宿火渴肺還生津願餉内熱子一洗胸中塵

枸杞

神藥不自閟羅生滿山澤日有牛羊憂歲有野火厄
越俗不好事過眼等茨棘青荑春自長絳珠爛莫摘

短籬護新植紫笋生卧節根莖與花實收拾無棄物
大将玄吾鬢小則餉我客似聞朱明洞中有千歲質
靈厖或夜吠可見不可索仙人儻許我借杖扶衰疾

甘菊

越山春始寒霜菊晚愈好朝來出細粟稍覺芳歲老
孤根蔭長松獨秀無衆草晨光雖照耀秋雨半摧倒
先生卧不出黄葉紛可掃無人送酒壷空腹嚼珠寶
香風入牙頰楚些發天藻新荑蔚已滿宿根寒不槁
揚揚弄芳蝶生死何足道頗訝昌黎翁恨爾生不蚤

薏苡

伏波飯薏苡禦瘴傳神良能除五谿毒不救讒言傷
讒言風雨過瘴癘久亦亡兩俱不足治但愛草木長
草木各有宜珍産駢南荒絳囊懸荔支雪粉剖桄榔
不謂蓬荻姿中有藥與粮舂爲芡珠圓炊作菰米香
子美拾橡栗黃精誑空腸今吾獨何者玉粒照生光

雨後行菜一首

夢回聞雨聲喜我菜甲長平明江路濕並岸飛雨槳
天公真富有膏乳瀉黃壤霜根一蕃滋風葉漸俯仰
未任筐筥載已作盃案想艱難生理窄一味敢專饗
小摘飯山僧清安寄真賞芥藍如菌蕈脆美牙頰響

白菘類羔豚冒土出蹯掌誰能視火候小竈當自養

殘臘獨出二首

幽尋本無事獨往意自長釣魚豐樂橋採杞逍遥堂
羅浮春欲動雲日有清光處處野梅開家家臘酒香
路逢眇道士疑是左元放我欲從之語恐復化為羊
江邊偶徽行詰曲背城市平湖春草合步到栖禪寺
堂空不見人老稗掩關睡所營在一食食已盋復事
客來豈無得施子淨掃地風松獨不靜送我作鼓吹

新年五首

曉雨暗人日春愁連上元水生挑菜渚煙濕落梅村

小市人歸盡孤舟鶴踊翻猶堪慰寂寞漁火亂黃昏
北渚集群鷺新年何所之盡歸喬木寺分占結巢枝
生物會有役謀身各及時何當禁畢弋看引雪衣兒
海國空自暖春山無限清氷谿結瘴雨雪菌到江城
更待輕雷發先催凍笋生豐湖有藤菜似可敵蓴羹
小邑浮橋外青山石岸東茶槍燒後有麥浪水前空
萬户不禁酒三年真識翁結茆來此住歲晚有誰同
荔子幾時熟花頭今已繁探春先揀樹買夏欲論園
居士常携客參軍許扣門明年更有味懷抱帶諸孫
二月八日與黃燾僧曇穎過逍遥堂何道

士宗一問疾一首

安心守玄牝閉眼覔黄庭問疾來三士澆愁有半缾
風松時落蘂病鶴不梳翎樽空我歸去山月照君醒

次韻高要令劉湜峽山寺見寄一首

新聞妙無多舊學閑可東猶當隱季生未遽逃梅福
空腸吐餘思靜似蠶綴簇寸田結初果秀若銅生綠
荆棘掃誠盡棃棗憂不熟高人竄鑄金下士乃服玉
君看嶺嶠隘我欲巾笥蓄曾攀羅浮頂亦到朱明谷
旋觀真歴塊歸卧甘破屋故人老猶仕世味薄如縠
偶從越女笑不怕蠻江浴驚聞尺書到喜有新詩辱

應憐五管客曾作八州督骨消讒口鑠牘破獄吏酷壠雲不易寄江月乃可掬遥知清遠寺不稱空洞腹蹇驢步武碎短瑟絃柱促仰看泉落珮俯聽石響轂千峰瀉清駛一往無回蹋狂雷失晤語過雹不容目要知僧長飢正坐山少肉人間無南北蝸角空出縮仇池九十九仇池有九十九泉予嘗夢至有詩嵩山三十六子由近買田陽翟北望嵩山甚近天人同一夢仙凡無兩錄陋邦真可老生理亦粗足便回爇天焰長作照海燭爇天焰見退之詩近黃魯直寄詩云蓮花合裏一寸燭犯馬海中燒百川魯直蓋近有得也

食荔支二首 并引

惠州太守東堂祠故相陳文惠公堂下有公手植荔支一株郡人謂將軍樹今歲大熟賞啖之餘下逮吏卒其高不可致者縱猿取之

丞相祠堂下將軍大樹旁炎雲駢火實瑞露酌天漿爛紫垂先熟高紅挂遠揚分甘徧鈴下也到黑衣郎羅浮山下四時春盧橘楊梅次第新日啖荔支三百顆不妨長作嶺南人

和子由盆中石菖蒲忽生九花一首

春莢秋莢兩須臾神藥人間果有無無鼻何由識薝蔔有花今始信菖蒲芳心未飽兩蛺蝶寒意知鳴幾

蟪蛄記取明年十二節小兒休更爇霜鬢

遷居一首

吾紹聖元年十月二日至惠州寓合江樓是月十八日遷于嘉祐寺二年三月十九日復遷于合江樓三年四月二十日復歸于嘉祐寺時方卜築白鶴峰之上新居成庶幾其少安乎

前年家水東回首夕陽麗去年家水西濕面春雨細東西兩無擇緣盡我輙逝今年復東徙舊館聊一憩已買白鶴峰規作終老計長江在北戶雪浪舞吾砌青山滿墻頭髮鬢幾雲髻雖慙抱朴子金鼎陋蟬蛻

猶賢柳柳州廟俎薦丹荔吾生本無待俯仰了此世

念念自成刼塵塵各有際下觀生物息相吹等蚊蚋

兩橋詩 并引

惠州之東江谿合流有橋多廢壞以小舟渡羅浮道士鄧守安始作浮橋以四十舟為二十舫鐵鎖石矴隨水漲落榜曰東新橋州西豐湖上有長橋屢作屢壞栖禪院僧希固築進兩岸為飛閣九間盡用石鹽木堅若鐵石榜曰西新橋皆以紹聖三年六月畢工作二詩落之

東新橋

羣鯨貫鐵索背負橫空霓首揺䶒雪江尾揷崩雲谿
機牙任信縮漲落隨高低轆轤卷巨索青蛟挂長堤
奔舟免狂觸脫筏防撞擠一橋何足云讙傳廣東西
父老有不識喜笑爭攀躋魚龍亦驚逃雷雹生馬蹄
嗟此病涉久公私困留稽姦民食此險出沒如鳧鷖
似賣失船壺如去登樓梯不知百年來幾人隕沙泥
豈知濤瀾上安若堂與閨往來無晨夜醉病休扶携
使君飲我言妙割無牛雞不云二子勞歎我捐腰犀
二士造橋予嘗助施犀帶我亦壽使君一言聽扶藜常當修未壞
勿使後噬臍

西新橋

昔橋本千柱挂湖如斷霓浮梁陷積淖破板隨奔谿笑看遠岸沒坐覺孤城低聊因三農隙稍進百步堤炎州無堅植潦水輕推擠千年誰在者鐵柱羅浮西獨有石鹽木白蟻不敢躋似開銅驪峰如鑿鐵馬蹏岌岌類鞭石山川非會稽嗟我久閣筆不書紙尾鷖蕭然無尺箠欲構飛空梯百夫下一杙椓此百尺涅橋柱石磉之下皆有堅木椓入泥中丈餘謂之頂樁探囊賴故侯寶錢出金閨子由之婦史頃入內得賜黃金錢數十助施父老喜雲集簞壺無空攜三日飲不散殺盡西村雞似聞百歲前海近湖有犀橋下

有（舊名鱷湖蓋有鱷魚之類）嘗那知陵谷變枯骨生羨慕後來勿忘

今人涉水過齋

悼朝雲詩 并引

紹聖元年十一月戲作朝雲詩三年七月五日朝雲
病亡於惠州葬之棲禪寺松林中東南直大聖塔予
既銘其墓且和前詩以自解朝雲始不識字晚忽學
書粗有楷法蓋常從泗上比丘尼義沖學佛亦略聞
大義且死誦金剛經四句偈而絕

苗而不秀豈其天不使童烏與我玄駐景恨無千歲
藥贈行唯有小乘禪傷心一念償前債彈指三生斷

後緣歸卧竹根無遠近夜燈勤禮塔中仙

東坡後集卷第五

東坡後集卷第六

詩六十七首

丙子重九二首

三年瘴海上越嶠真我家登山作重九蠻菊秋未花
唯有黄茆根推攏生枒窊蜿酒蘖衆毒酸甜如梨樝
何以侑一尊隣翁饋鼉蛇亦復強取醉歡謡雜悲嗟
今年吁惡歲僵仆如亂麻此會我雖健狂風卷朝霞
使我如霜月孤光挂天涯西湖不欲往墓樹號寒鴉
窮塗不擇友過眼如亂雲餘子誰復數坐閲兩使君
共飲去年堂俯看秋水紋此水與此人相追兩沄沄

老去各休息造物嗟長勤佳哉此令節不惜與子分
何以娛我客游魚在清濆水師三百指銕網欲掩群
獲多雛一快買放尤可欣此樂真不朽明年我歸耘

白鶴峰新居欲成夜過西鄰翟秀才二首

林行婆家初閉戶翟夫子舍尚留關連娟缺月黃昏
後縹緲新居紫翠間繫悶豈無羅帶水韓退之云水作青羅帶山為碧玉簪割愁還有劍鋩山柳子厚云海上尖峯若劍鋩秋來處處割愁腸皆嶺南詩也
中原北望無歸日鄰火村舂自往還

甕間畢卓防偷酒壁後匡衡不點燈待鑿平江百尺
井要分清暑一壺氷佐卿恐是歸來鶴次律寧非過

去僧他日莫尋王粲宅夢中來往李何曾

次韻子由所居六詠

堂前種山丹錯落馬腦盤堂後種秋菊碎金收辟寒

草木如有情慰此芳歲闌幽人正獨樂不知行路難

詩人故多感花發憶兩京石榴有正色玉樹真虛名

粲粲秋菊花卓為霜中英萸槃照重九纈蘂兩鮮明

幽居有古意義井分西墻誰言三伏熱上須一盃涼

先生坐忍渴群嚣自披猖眾散徐酌飲逡巡味尤長

先生飯土塯無物與劉乂何以娛醉客時鼰砌下花

井水分西鄰竹陰借東家蕭然行脚僧一身寄天涯

東齋手種柏今復幾尺長知有桓司馬榛莽為遮藏
近聞南臺松新枝出餘僵年來此懷抱豈復驚凡亡
新居已覆瓦無復風雨憂樘栽與籠竹小詩亦可求
尚欲煩貳師刻山出飛流應須鑿百尺兩綆載一牛

吴子野絕粒不睡過作詩戲之芝上人陸
道士皆和予亦次其韻

聊為不死五通仙終了無生一大緣獨鶴有聲知半
夜老蠶不食已三眠憐君解比人間夢芝有夢齋許子由作銘
我時逃醉後禪會與江山成故事不妨詩酒樂新年

次韻惠循二守相會一首

共惜相從一寸陰酒盃雖淺意殊深且同月下三人影莫作天涯萬里心東嶺近開松菊徑南堂初絕斧斤音知君善頌如張老猶望携壺更一臨

又次韻二守同訪新居二首

數畝蓬蒿古縣陰曉窓清快夜堂深也知卜築非真宅聊欲跏趺看此心閙道携壺問奇字更因登木助微音相娛北户江千頃直下都無地可臨

此生真欲老墻陰却掃都忘歲月深扳蓬巳覩賢守政折蔬聊慰故人心風流賀監常吳語憔悴鍾儀獨楚音治狀兩邦俱第一潁川歸去肎重臨

循守臨行出小鬟復用前韻一首

學語雛鸎在柳陰臨行呼出翠帷深通家不隔同年面二守同年家得路方知異日心趂著春衫游上苑要求國手教新音嶺梅不用催歸騎截鐙須防舊所臨循守近爲郃倅

種茶一首

松間旅生茶已與松俱瘦茨棘尚未容蒙翳爭交搆天公所遺弃百歲仍穉幼紫笋雖不長孤根乃獨壽移栽白鶴嶺土軟春雨後彌旬得連陰似許晚遂茂能忘流轉苦戢戢出鳥咮未任供臼磨且作資摘嗅

千團輸太官百餅衒私鬬何如此一啜有味出吾圃

白鶴山新居鑿井四十尺遇盤石石盡乃

得泉

海國困烝溽新居利高寒以彼陟降勞易此寢處乾但苦江路峻常懃汲腰酸砊砊煩四夫磽磽斲層巒彌旬得尋丈下有青石磐終日但迸火何時見飛瀾豈我桀與醪利汝椎與鑽山石有時盡我意殊未闌今朝僮僕喜黄土復可摶晨缾得雪乳莫甕渟氷湍我生類如此何適不艱難一勺亦天賜曲肱有餘歡

三月二十九日二首

南嶺過雲開紫翠北江飛雨送淒涼酒醒夢回春盡

日閉門隱几坐燒香

門外橘花猶的皪墻頭荔子已斕斑樹暗草深人靜

處卷簾欹枕卧看山

吾謫海南子由雷州被命即行了不相知

至梧乃聞其尚在藤也旦夕當追及作此

詩示之

九疑聯緜屬衡湘蒼梧獨在天一方孤城吹角煙樹

裡落月未落江蒼茫幽人拊枕坐歎息我行忽至舜

所藏江邊父老能說子白須紅頰如君長莫嫌瓊雷

隔雲海　聖恩尚許遥相望平生學道真實意豈與
窮達俱存亡天其以我為箕子要使此意留要荒他
年誰作輿地志海南萬古真吾鄉

行瓊儋間肩輿坐睡夢中得句云千山動
鱗甲萬谷酣笙鐘覺而遇清風急雨戲作
此數句

四州環一島百洞蟠其中我行西北隅如度月半弓
登高望中原但見積水空此生當安歸四顧真途窮
眇觀大瀛海坐詠談天翁茫茫太倉中一米誰雌雄
幽懷忽破散永嘯來天風千山動鱗甲萬谷酣笙鐘

安知非群仙鈞天宴未終喜我歸有期舉酒屬青童
急雨豈無意催詩走群龍夢雲忽變色笑雷亦改容
應怪東坡老顏衰語徒工久矣此妙聲不聞蓬萊宮

次前韻寄子由一首

我少即多難邅回一生中百年不易滿寸寸彎強弓
老矣復何言榮辱今兩空泥丸尚一路（古語云十方薄伽梵一路涅槃門）所向餘皆窮似聞崆峒西仇池迎此翁胡為適
南海復駕垂天雄下視九萬里浩浩皆積風回望古
合州屬此琉璃鍾離別何足道我生豈有終渡海十
年歸方鏡照兩童還鄉亦何有暫假壺公龍峩眉向

我笑錦水為君容天人巧相勝不獨數子工指點昔游處蒿萊生故宫

安期生一首 并引

安期生世知其為仙者也然太史公曰蒯通善齊人安期生生嘗以策干項羽羽不能用羽欲封此兩人兩人終不肎受已去予每讀此未嘗不廢書而歎嗟乎仙者非斯人而誰為之故意戰國之士如魯連虞卿皆得道者歟

安期本策士平日交蒯通嘗干重瞳子不見隆凖公應如魯仲連抵掌吐長虹難堪踞牀洗盥挹扛鼎雄

事既兩大繆飄然爾遺風乃知經世士出世或乘龍
豈比山澤臞忍飢啖柏松縱使偶不死正堪為僕僮
茂陵秋風客望祖猶蟻蝱海上如瓜棗可聞不可逢

夜夢一首 并引

七月十三日至儋州十餘日矣澹然無一事學道未
至靜極生愁夜夢如此不免以書自怡

夜夢嬉游童子如父師檢責驚走書計功當畢春秋
餘今乃始及桓莊初怛然悸寤心不舒起坐有如挂
鉤魚我生紛紛嬰百緣氣固多習獨此偏弃書事君
四十年仕不顧留書繞纏自視汝與丘孰賢易韋三

絶丘猶然如我當以犀革編

遷居之夕聞鄰舍兒誦書欣然而作

幽居亂蛙黽生理半人禽跫然已可喜況聞弦誦音兒聲自圓美誰家兩青衿且欣習齊咻未敢笑越吟九齡起韶石姜子家日南吾道無南北安知不生今海闊尚挂斗天高欲横參荆榛短墻缺燈火破屋深引書與相和置酒仍獨斟可以侑我醉琅然如玉琴

聞子由瘦一首 儋耳至難得肉食

五日一見花豬肉十日一遇黄雞粥土人頓頓食藷芋薦以熏鼠燒蝙蝠舊聞蜜唧嘗嘔吐稍近蝦蟇緣

習俗十年京國厭肥羜日日烝花壓紅玉從來此腹

負將軍今者固宜安脫粟（俗諺云大將軍食飽捫腹而歎曰我不負汝左右曰將軍固不負此腹此腹負將軍未嘗出少智慮也）人言天下無正味即且未

遷賢麋鹿海康別駕復何為帽寛帯落驚僮僕相看

會作兩臞仙還鄉定可騎黃鵠

客俎經旬無肉又子由勸不讀書蕭然清

坐乃無一事

病怯腥鹹不買魚爾來心腹一時虛使君不復憐烏

攫屬國方將掘鼠餘老去獨收人所弃游哉時到物

之初從今免被孫郎笑絳帕蒙頭讀道書

宥老楮一首

我牆東北隅張王維老穀樹先樗櫟大葉等桑柘沃流膏馬乳漲墮子楊梅熟胡爲尋丈地養此不材木蹶之得輿薪規以種松菊靖言求其用略數得五六膚爲蔡侯紙子入桐君録黄繒練成素黝面頮作玉灌灑烝生菌腐餘光吐燭雖無傲霜節幸免狂酲毒孤根信微陋生理有倚伏投斧爲賦詩德怨聊相贖

觀棊一首 并引

予素不解棋甞獨游廬山白鶴觀觀中人皆闔户晝寢獨聞棋聲於古松流水之間意欣然喜之自爾欲

學然終不解也兒子過乃粗能者儋守張中日從之戲予亦隅坐竟日不以為厭也

五老峰前白鶴遺趾長松蔭庭風日清美我時獨游不逢一士誰歟棋者戶外屨二不聞人聲時聞落子紋枰坐對誰究此味空鈎意釣豈在魴鯉小兒近道剥啄信指勝固欣然敗亦可喜優哉游哉聊復爾耳

羅米一首

糴米買束薪百物資之市不緣耕樵得飽食殊少味再拜請邦君願受一廛地知非笑昨夢食力免内愧春秧幾時花夏稗忽已穟悵焉撫耒耜誰復識此意

入寺一首

曳杖入寺門輯杖挹世尊我是玉堂仙謫來海南村
多生宿業盡一氣中夜存旦隨老鴉起飢食扶桑暾
光圓摩尼珠照耀玻瓈盆來從佛印可稍覺魔忙奔
閑看樹轉午坐到鐘鳴昏歛收平生心耿耿聊自温

次韻子由三首

東亭

仙山佛國本同歸世路玄關兩背馳到處不妨閑卜
築流年自可數期頤遥知小檻臨廛市定有新松長
棘茨誰道茆簷劣容膝海天風雨看紛披

東樓

白髮蒼顏自照盆董生端合是前身獨棲高閣多辭客為著新書未絕麟小醉易醒風力軟安眠無夢雨聲新長歌自調真堪笑底處人間是所欣柳子厚詩云長歌返故室自謂非所欣

椰子冠

天教日飲欲全絲美酒生林不待儀自漉疏巾邀醉客更將空殼付冠師前漢高紀注云薛有作冠師規摹簡古人爭看簪導輕安髮不知更著短簷高屋帽東坡何事不違時

次韻子由月季花再生一首

幽芳本長春暫瘁如蝕月且當付造物未易料枯枿也知宿根深便作紫筍茁乘時出婉娩為我暖栗冽先生蚤貴重廟論推英拔而今城東瓜不記召南茇陋居有遠寄小圃無闊躡還為久處計坐待行年匝子由明年六十臘果綴梅枝春盃浮竹葉誰言一萌動已覺萬木活聊將玉蘂新世謂此玫瑰花插向綸巾折

次韻子由浴罷一首

理髮千梳淨風晞勝湯沐閉息萬竅通霧散名乾浴頹然語默喪靜見天地復時令具新水漫欲濯腰腹

陶匠不可求盆斛何由足海南無浴器故常乾浴而已老雞卧糞土振羽雙瞑目倦馬驏風沙奮鬣一噴玉垢淨各殊性快愜聊自沃雲母透蜀紗琉璃瑩蘄竹稍能夢中覺漸使生處熟楞嚴在牀頭妙偈時仰讀返流歸照性獨立遺所矚未知仰山禪已就季主卜安心會自得助長毋相督

借前韻賀子由生第四孫斗老一首

今日散幽憂彈冠及新沐況聞萬里孫已報三日浴朋來四男子大壯泰臨復開書喜見面未飲春生腹無官一身輕有子萬事足舉家傳吉夢殊相驚凡目

爛爛開眼電磽磽峙頭玉（李賀詩云頭玉磽磽眉刷翠杜郎生得真男子）但令強筋骨可以耕衍沃不須富文章端解耗紙竹君歸定何日我計久已熟長留五車書要使九子讀（吾與子由共九孫男矣）簞瓢有內樂軒冕無流矚人言适似我窮達已可卜蚤謀二頃田莫待八州督（吾前後典八州）

獨覺一首

瘴霧三年恬不怪反畏北風生體疥朝來縮頸似寒鴉焰火生薪聊一快紅波翻屋春風起先生默坐春風裡浮空眼纈散雲霞無數心花發桃李翛然獨覺午窗明欲覺猶聞醉鼾聲回首向來蕭瑟處也無風

雨也無晴

十二月十七日夜坐達曉寄子由一首

燈燼不挑垂暗蘂爐香重撥上餘薫清風欲發鴉翻樹缺月初升犬吠雲閑眼此心新活計隨身孤影舊知聞雷州別乘應危坐跨海幽光與子分

謫居三適三首

旦起理髮

安眠海自運浩浩潮黃宮日出露未晞鬱鬱濛霜松老櫛從我久齒疎含清風一洗耳目明習習萬竅通少年苦嗜睡朝謁常怱怱爬搔未云足已困冠巾重

何異服轅馬沙塵滿風騣琱鞍響珂月實與杻械同
解放不可期枯柳豈易逢誰能書此樂獻與腰金公

午窗坐睡

蒲團盤兩膝竹几閣雙肘此間道路熟徑到無何有
身心兩不見息息安且久睡蛇本亦無何用鉤與手
神凝疑夜禪體適劇卯酒我生有定數祿盡空餘壽
枯楊下飛花膏澤回衰朽謂我此為覺物至了不受
謂我今方夢此心初不垢非夢亦非覺請問希夷叟

夜卧濯足

長安大雪年東薪抱衾裯雲安市無井斗水寬百憂

今我逃空谷孤城嘯鵂鶹得米如得珠食菜不敢留
況有松風聲釜鬵鳴颼颼瓦盎深及膝時復冷暖投
明燈一瓜翦快若鷹辭鞲天低瘴雲重地薄海氣浮
土無重腿藥獨以薪水瘳誰能更包裹冠履裝沐猴

子由生日一首

上天不難知好惡與我一方其未定間人力破陰隲
少忍待其定報應真可必季氏生而仁觀過見其實
端如柳下惠焉往不三黜天有時而定壽考未易畢
兒孫七男子三子四孫次第皆逢吉遥知設羅門獨掩懸
罄室回思十年事無愧篋中筆但願白髮兄年年作

生日

以黃子木拄杖為子由生日之壽一首

靈壽扶孔光菊潭飲伯始雖云閑草木豈樂蒙此恥一時偶收用千載相瘢痕海南無佳植野果名黃子堅瘦多節目天材任操倚嗟我始剪裁世用或緣此貴從老夫手往配先生几相從歸故山不愧仙人杞本草枸杞一名仙人杖

過於海船得邁寄書酒作詩遠和之皆粲然可觀子由有書相慶也因用其韻賦一篇并寄諸子姪一首

我似老牛鞭不動雨滑泥深四蹄重汝如黄犢走却
來海闊山高百程送庶幾門户有八慈不恨居鄰無
二仲他年汝曹笏滿床中夜起舞踏破甕會當洗眼
看騰躍莫指癡腹笑空洞譽兒雖是兩翁癖積德已
自三世種豈惟萬一許生還尚恐九十煩瑺從六子
晨耕䈥瓢出衆婦夜績燈火共春秋古史乃家法詩
筆離騷亦時用但令文字還照世糞土腐餘安足夢

上元夜過赴儋守召獨坐有感一首 戊寅歲

使君置酒莫相違守舍何妨獨掩扉静看月𥦗盤蝎
蜥卧聞風幔落蚍蜉燈花結盡吾猶夢香篆消時汝

欲歸搔首淒涼十年事傳柑歸遺滿朝衣

海南人不作寒食而以上巳上冢予攜一瓢酒尋諸生皆出矣獨老符秀才在因與飲至醉符蓋儋人之安貧守靜者也

老鴉銜肉紙飛灰萬里家山安在哉蒼耳林中太白過鹿門山下德公回管寧投老終歸去王式當年本不來記取城南上巳日木緜花落刺桐開

新居一首

朝陽入北林竹樹散疏影短籬尋丈間寄我無窮境舊居無一席逐客猶遭屏結茅得茲地翳翳村巷永

數朝風雨涼畦菊發新穎俯仰可卒歲何必謀二頃

五色雀一首

海南有五色雀常以兩絳者為長進止必隨焉俗謂
之鳳皇云久旱而見輒雨潦則反是吾卜居儋耳城
南嘗一至庭下今日又見之進士黎子雲及其弟威
家既去吾舉酒祝之曰若為吾來者當再集也已而
果然乃為賦詩

粲粲五色羽炎方鳳之徒青黃縞玄服翼衛兩紱朱
仁心知閔農常告雨霽符我窮惟四壁破屋無瞻烏
惠然此粲者來集竹與梧鏘鳴如玉佩意欲相嬉娛

窮寞雨黎生食菜直臞儒小圃散春物野桃陳雪膚
舉盃得一笑見此紅鸞雛高情如飛仙未易握粟呼
胡為去復來眷眷豈屬吾回翔天壤間何必懷此都

倦夜一首

倦枕厭長夜小囱終未明孤村一犬吠殘月幾人行
衰鬢久已白旅懷空自清荒園有絡緯虛織竟何成

用過韻冬至與諸生飲酒一首

小酒生黎法乾糟凡盎中芳辛知有毒滴瀝取無窮
凍醴寒初泫春醅暖更饛華夷兩樽合醉笑一歡同
里閈峩山北田園震澤東歸期郡敢説安訊不曾通

鶴鬢驚全白犀圍尚半紅愁顏解符老壽耳鬬吴翁
得穀鵝初飽亡猫鼠益豐黄薑收土芋蒼耳斫霜叢
兒瘦緣儲藥奴肥為種松頻頻非竊食數數尚乘風
河伯方夸若靈媧自舞馮歸途陷泥淖炬火燎茅蓬
膝上王文度家傳張長公和詩仍醉墨戲海亂群鴻

符吴皆坐客其餘皆即事實録也

縱筆三首

寂寂東坡一病翁白須蕭散滿霜風小兒悮喜朱顏
在一笑那知是酒紅
父老爭看烏角巾應緣曾現宰官身谿邊古路三义

口獨立斜陽數過人
北船不到米如珠醉飽蕭條半月無明日東家知祀
竈隻雞斗酒定膰吾

貧家淨掃地一首

貧家淨掃地貧女好梳頭下士晚聞道聊以拙自修
扣門有佳客一飯相邀留春炊勿草草此客未易媮
慎勿用勞薪感我如薰蕕德人抱衡石銖黍安可廋

次韻子由贈吴子野先生二絶句

馬迹車輪滿四方若為閑著小茆堂仙心欲捉左元
放癡疾還同顧長康

江令蒼苔圍故宅謝家語鷰集華堂先生笑説江南事秖有青山繞建康

被酒獨行徧至子雲威徽先覺四黎之舍

三首

半醒半醉問諸黎竹刺藤梢步步迷但尋牛矢覓歸路家在牛欄西復西

總角黎家三小童口吹葱葉送迎翁莫作天涯萬里意谿邊自有舞雩風

符老風情奈老何朱顔減盡鬢絲多投梭每困東鄰女換扇唯逢春夢婆是日復見符林秀才説换扇之事

夜燒松明火一首

歲莫風雨交客舍淒薄寒夜燒松明火照室紅龍鸞
怏焰初煌煌碧煙稍團團幽人忽富貴繐帳芬栟蘭
珠煤綴屋稍香㵤音詣松瀝也出本草注流銅槃坐看十八公
俯仰灰燼殘齊奴朝爨蠟萊公夜長歎海康無此物
燭盡更未闌

庚辰歲人日作時聞黃河已復北流老臣
舊數論此今斯言乃驗

老去仍栖隔海村夢中時見作詩孫天涯已慣逢人
日歸路猶欣過鬼門三策已應思賈讓孤忠終未赦

廪瓢典衣剩買河源米屈指新篘作上元

不用長愁挂月村檳榔生子竹生孫海南勒竹每節生枝如竹竿大蓋竹孫也新巢語燕還窺硯舊雨來人不到門春水蘆根看鶴立夕陽楓葉見鴉翻此生念念隨泡影莫認家山作本元

庚辰歲正月十二日天門冬酒熟予自漉之且漉且嘗遂以大醉二首

自撥床頭一甕雲幽人先已醉濃芬天門冬熟新年喜淘米春香並舍聞杜子美詩云聞道雲安淘米春蓋酒名也菜圃漸疎花漠漠竹扉斜掩雨紛紛擁裘睡覺知何處吹面東

風散纈紋

載酒無人過子雲年來家醞有奇芬醉鄉杳杳誰同夢睡息齁齁得自閑口業向詩猶小小眼花因酒尚紛紛點鐙更試淮南語汎濫東風有穀紋淮南子云東風至而酒汎溢許慎注云酒汎清酒也

追和戊寅歲上元一首

春鴻社鷰巧相違白鶴峰頭白板扉石建方欣洗牏厠姜龐不解歎蠨蛸一龕京口嗟春夢萬炬錢塘憶夜歸合浦賣珠無復有當年笑我泣牛衣

題過所畫枯木竹石

老可能爲竹寫真小坡今與石傳神山僧自覺菩提
長心境都將付卧輪

散木支離得自全交柯蚴蟉欲相纏不須更說能鳴
鴈要以空中得盡年

倦看澀勒暗蠻村亂棘孤藤束瘴根惟有長身六君
子依依猶得似淇園

真一酒歌 并引

布算以步五星不如仰觀之捷吹律以求中聲不如
耳齊之審鉛汞以爲藥策易以候火不如天造之真
也是故神宅空樂出虛踊蹈者以氣升孰能推是類

以求天造之藥乎於此有物其名曰真一遠游先生方治此道不飲不食而飲此酒食此藥居此堂予亦竊其一二故作真一之歌其詞曰

空中細莖插天芒不生沮澤生陵岡涉閱四氣更六陽森然不受螟與蝗飛龍御月作秋涼蒼波改色屯雲黃天旋雷動玉塵香起搜十裂照坐光跏趺牛噍安且詳動摇天關出瓊漿壬公飛空丁女藏三伏遇井了不嘗釀爲真一和而莊三杯儼如侍君王湛然寂照非楚狂終身不入無功鄉

東坡後集卷第六

重刊明成化本東坡七集

東坡後集卷第七

詩八十九首

汲江煎茶一首

自臨釣石取深清

活水還須活火烹（唐人云茶須緩火炙活火煎）大瓢貯月歸春甕小杓分江入夜缾茶雨已飜煎處

脚松風忽作瀉時聲枯腸未易禁三盌坐數荒村長

短更

予來儋耳得吠狗曰烏觜甚猛而馴隨予

遷合浦過澄邁泅而濟路人皆驚戲為作

此詩

烏啄本海獒幸我為之主食餘已豞肥終不憂鼎俎

晝馴識賓客夜捍為門户知我當北還掉尾喜欲舞

跳踉趂僮僕吐舌喘汗雨長橋不肯躡徑度清深浦

拍浮似鵞鴨登岸劇虓虎盜肉亦小疵鞭箠當貫汝

再拜謝恩厚天不遣言語何當寄家書黄耳定乃祖

澄邁驛通潮閣二首

倦客愁聞歸路遥眼明飛閣俯長橋貪看白鷺横秋

浦不覺青林没晚潮

餘生欲老海南村帝遣巫陽招我魂杳杳天低鶻没

處青山一髮是中原

洞酌亭詩 并引

瓊山郡東衆泉觱發然皆洌而不食丁丑歲六月軾南遷過瓊始得雙泉之甘於城之東北隅以告其人自是汲者常滿泉相去咫尺而異味庚辰歲六月十七日遷于合浦復過之太守承議郎陸公求泉上之亭名與詩名之曰洞酌其詩曰

洞酌彼兩泉挹彼注茲一缾之中有澠有淄以瀹以烹衆喊莫齊自江徂海浩然無私豈弟君子江海是儀既味我泉亦嚌我詩

六月二十日夜渡海

參橫斗轉欲三更苦雨終風也解晴雲散月明誰點綴天容海色本澄清空餘魯叟乘桴意粗識軒轅奏樂聲九死南荒吾不恨茲游奇絶冠平生

自雷適廉宿於興廉村淨行院

荒涼海南北佛舍如鷄栖忽此榕林中跨空飛拱枅當門冽碧井洗我兩足泥高堂磨新甎洞户分角圭倒床便甘寢鼻息如虹霓僮僕不肯去我為半日稽晨登一葉舟醉兀十里谿醒來知何處歸路老更迷

廉州龍眼質味殊絶可敵荔支

龍眼與荔支異出同父祖端如柑與橘未易相可否

異哉西海濵琪樹羅玄圃纍纍似桃李一一流膏乳
坐疑星隕空又恐珠還浦圖經未嘗説玉食遠莫數
獨使皴皮生弄色映琱俎蠻荒非汝辱幸免妃子汙

合浦愈上人以詩名嶺外將訪道南嶽留

詩壁上云閑伴孤雲自在飛東坡居士過

其精舍戲和其韻

孤雲出岫豈求伴錫杖凌空自要飛為問庭松尚西
指不知老奘幾年歸

梅聖俞之客歐陽晦夫使工畫茅庵己居

其中一琴横牀而已曹子方作詩四韻僕

和之云

寐寞王子猷回船剡溪路超遥戴安道雪夕誰與度

倒披王恭氅半掩袁安户應調折絃琴自和撚須句

歐陽晦夫惠琴枕

中郎不眠仰看屋得此古椽圍尺竹輪囷濩落非笛

材剖作袖琴徽軫足流傳幾處到淵明卧枕綸巾酒

新滮孤鸞别鵠誰復聞阜息齁齁自成曲

留别廉守

編萑以苴猪墐塗以塗之小餅如嚼月中有酥與飴

懸知合浦人長誦東坡詩好在真一酒為我醉宗資

𦉘笙詩 并引

庚辰八月二十八日劉幾仲餞飲東坡中觴聞笙簫聲杳杳若在雲霄間抑揚往返粗中音節徐而察之則出於雙𦉘水火相得自然吟嘯蓋食頃乃已坐客驚歎得未曾有請作𦉘笙詩記之

孤松吟風細泠泠獨璽長繅女媧笙陋哉石鼎逢彌明丘蚓竅作蒼蠅聲𦉘中宮商自相賡昭文無虧亦無成東坡醉熟呼不醒但云作勞吾耳鳴

歐陽晦夫遺接䍦琴枕戲作此詩謝之

携兒過嶺今七年晚塗更著黎衣冠白頭穿林要藤

帽赤脚渡水須花縵不愁故人驚絶倒但使俚俗相
恬安見君合浦如夢寐挽須握手俱汍瀾妻縫接䍦
霧縠細皃送琴枕冰徽寒無絃且寄陶令意倒載猶
作山公看我懷汝陰六一老眉宇秀發如春巒羽衣
鶴氅古仙伯岌岌兩柱扶霜紈至今畫像作此服凜
如退之加渥丹爾來前輩皆鬼録我亦帶脱巾欹寬
作詩頗似六一語往往亦帶梅翁酸

次韻王鬱林

晚塗流落不堪言海上春涯手自飜漢使節空餘皓
首故侯瓜在有頹垣平生多難非天意此去殘年盡

主恩誤辱使君相收拭窓聞老鶴更乘軒

藤州江上夜起對月贈邵道士一首

江月照我心江水洗我肝端如徑寸珠墮此白玉盤

我心本如此月滿江不湍起舞者誰歟莫作三人看

嶠南瘴毒地有此江月寒乃知天壤間何人不清安

床頭有白酒盎若白露漙獨醉還獨醒夜氣清漫漫

仍呼邵道士取琴月下彈相將乘一葉夜下蒼梧灘

徐元用使君與其子端常邀僕與小兒過

同游東山浮金堂戲作此詩

昔與徐使君共賞錢塘春愛此小天竺時來中聖人

松如遷客老酒似使君醇繫舟藤城下弄月鐔江濵
江月夜夜好雲山朝朝新使君有令子真是石麒麟
我子乃散材有如木輪囷二老白接䍦兩郎烏角巾
醉卧松下石扶歸江上津浮橋半没水揭此碧鱗鱗

送鮮于都曹歸蜀灌口舊居

籋盡霜須照碧銅依然春雪在長松朝行犀浦催收
芋夜渡繩橋看伏龍莫歎倦游無駟馬要將老健敵
千鍾子雲三世惟身在為向西南説病容

送邵道士彥肅還都嶠

乞得紛紛擾擾身結茆都嶠與仙鄰少而寡欲顔常

好老不求名語益真許邁有妻還學道陶潛無酒亦從人相隨十日還歸去萬劫清遊結此因

書韓幹二馬

赤髯碧眼老鮮卑回策如縈獨善騎赭白紫騮俱絶世馬中岳湛有妍姿

將至廣州用過韻寄邁迨二子

皇天遣出家臨老乃學道北歸為兒子破戒堪一笑披雲見天眼回首失海潦蠻唱與黎歌餘音猶杳杳大兒牧衆稺四歲守孫嶠次子病學醫三折乃粗曉小兒耕且養得暇為書繞我亦困詩酒去道愈茫渺

紛紛何時定所至皆可老莫學柳儀曹詩書教氓獠
亦莫事登陟谿山有何好安居與我游閉户淨洒掃

贈鄭清叟秀才

風濤戰扶胥海賊橫泥子胡為犯二怖慱此一笑喜
問君奚所欲欲談仁義耳我才不逮人所有聊足已
安能相付予過聽君誤矣霜風掃瘴毒冬日稍清美
年來萬事足所欠惟一死澹然兩無求滑淨空棐几

和孫叔静兄弟李端弅唱和一首

病骨瘦欲折霜髯更疎喜聞新國政兼得故人書
秉燭真如夢傾盃不敢餘天涯老兄弟懷抱幾時攄

廣倅蕭大夫借前韻見贈復和答之

坐還粗勝虞早退不如踈𡦚死初聞道平生誤信書

風濤驚夜半疾病送災餘賴有蕭夫子幽懷得少攄

心閑詩自放筆老語翩踈贈我皆強韻知君得異書

滔滔沮叟是綽綽孟生餘一笑滄溟側應無憤可攄

王進叔所藏畫跋尾五首

徐熙杏花

江左風流王謝家盡携書畫到天涯却因梅雨丹青

暗洗出徐熙落墨花

趙昌四季

芍藥

倚竹佳人翠袖長天寒猶著薄羅裳揚州近日紅千葉自是風流時世粧

躑躅

楓林翠壁楚江邊躑躅千層不忍看開卷便知歸路近劍南樵叟為施丹

寒菊

輕肌弱骨散幽葩真是青囊兩鬢丫便有佳名配黃菊應緣霜後苦無花

山茶

遊蜂掠盡粉絲黃落蘂猶收蜜露香待得春風幾枝在年來𣪘䔢有飛霜

和黃秀才鑒空閣一首

明月本自明無心孰為境挂空如水鑒寫此山河影我觀大瀛海巨浸與天永九州居其間無異蛇盤鏡空水兩無質相照但耿耿妄云桂兔蟇俗說皆可屛我游鑒空閣缺月正淒冷黃子寒無衣對月句愈警借君方諸淚一沐管城穎誰言小叢林清絶冠五嶺

韋偃牧馬圖一首

神工妙技帝所收江都曹韓逝莫留人間畫馬唯韋

侯當年為誰掃驊騮至今霜蹄踏長楸圃人困卧涉
壠頭沙苑茫茫蒺蔾秋風髮霧鬣寒颼颼龍種尚與
駑駘游長稭短豆豈我羞八鑾六轡非馬謀古來西
山與東丘

題靈峯寺壁一首

靈峯山上寶陀寺白髮東坡又到來前世德雲今我
是依希猶記妙高臺

衆妙堂一首

湛然無觀古真人我獨觀此衆妙門夫物芸芸各歸
根衆中得一道乃存道人晨起開東軒趺坐一醉扶

桑暾餘光照我玻瓈盆倒射窓几清而温欲收月魄餐日魂我自日月誰使吞

題馮通直明月湖詩後一首

老衍清篇墨未枯小馮新作語尤姝呼兒淨洗涵星硯為子賡歌墮月湖聞道牂江空抱珥年來合浦自還珠請君多釀蓮花酒準擬王喬下履鳧（南詔有西洱河即古牂柯江也河形如月耳珥故名之西洱云）

次韻鄭介夫二首

一落涅塗迹愈深尺薪如桂米如金長庚到曉空陪月太歲今年合守心相與齧氈持漢節何妨振履出

商音孤雲倦鳥空來往自要閑飛不作霖
一生憂患萃殘年心似驚蠶未易眠海上偶來期汗
漫葦間猶得見寅緣良醫自要經三折老將何妨敗
兩甄收取桑揄種梨棗祝君眉壽似增川

昔在九江與蘇伯固唱和其略曰我夢扁
舟浮震澤雪浪横江千頃白覺來滿眼是
廬山倚天無數開青壁蓋實夢也昨日又
夢伯固手持乳香嬰兒示予覺而思之蓋
南華賜物也豈復與伯固相見於此耶今
得來書已在南華相待數日矣感歎不已

故先寄此詩

扁舟震澤定何時滿眼廬山覺又非春草池塘惠連夢上林鴻鴈子卿歸水香知是曹谿口眼淨同看古佛衣不向南華結香火此生何處是真依

次韻韶守狄大夫見贈二首

華髮蕭蕭老遂良褚河南帖云即日遂良鬢髮盡白蓋謫長沙時也一身萍挂海中央無錢種菜為家業有病安心是藥方才疎正類孔文舉凝絕還同顧長康萬里歸來空泣血七年供奉殿西廊邇英閣在延和殿西廊下

森森畫戟擁朱輪坐詠梁公覺有神白傳閒遊空誦

句（事見樂天吳郡詩石敘）拾遺窮老敢論親（事見子美贈狄明府詩）東海
莫懷踈受意西風幸免庾公塵為公過嶺傳新唱催
發寒梅一信春

次韻韶倅李通直二首

一篇瀧吏可書紳莫向長沮更問津老去常憂伴新
鬼歸來且喜是陳人曾陪令尹蒼髯古又見郎君白
髮新回首天涯一惆悵却登梅嶺望楓宸

青山秪在古城隅萬里歸來卜築初會見四山朝鶴
駕更看二李控鯨魚欲從抱朴傳家學應怪中郎得
異書待我丹成馭風去借君瓊佩與霞裾（僕昔為開封幕先公）

為赤令暇日相與論內外丹且出其丹示僕今三十年而見君曲江同遊南華宿山水間數日道舊感歎且勸我卜居于舒故詩中皆及之

狄韶州煮蔓菁蘆菔羹一首

我昔在田間寒庖有珍烹常支折脚鼎自煮花蔓菁中年失此味想像如隔生誰知南嶽老解作東坡羹中有蘆菔根尚含曉露清勿語貴公子從渠醉羶腥

李伯時畫其弟亮功舊宅圖一首

樂天蚤退今安有摩詰長閑古亦無五畝自栽池上竹十年空看輞川圖近聞陶令開三徑應許揚雄寄一區晚歲與君同活計如雲鵞鴨散平湖

贈龍光長老一首

斫得龍光竹兩竿持歸嶺北萬人看竹中一滴曹溪水漲起西江十八灘

贈嶺上老人

鶴骨霜髯心已灰青松合抱手親栽問翁大庾嶺頭住曾見南遷幾箇回

贈嶺上梅

梅花開盡雜花開過盡行人君不來不趂青梅甞煑酒要看細雨熟黄梅

予昔過嶺而南題詩龍泉鐘上今復過而

北次其韻

秋風卷黄落朝雨洗緑淨人貪歸路好節近中原正
下嶺獨徐行艱嶮未敢忘遥知尗孫子已致魯諸生

過嶺二首

暫著南冠不到頭却隨北鴈與歸休平生不作兎三
窟今古何殊貉一丘當日無人送臨賀至今有廟祀
潮州劍關西望七千里乘興真為玉局游

七年來往我何堪又試曹谿一勺甘夢裏似曾遷海
外醉中不覺到江南波生濯足鳴空澗霧繞征衣滴
翠嵐誰遣山雞忽驚起半巖花雨落毿毿

留題顯聖寺一首

渺渺踈林集晚鴉孤村烟火梵王家幽人自種千頭橘遠客來尋百結花浮石已乾霜後水焦坑閑試雨前茶秪疑歸夢西南去翠竹江村繞白沙

予初謫嶺南過田氏水閣東南一峯豊下鋭上俚人謂雞籠山予更名獨秀峯今復過之戲留一絕

倚天巉絕玉浮屠肯與彭郎作小姑獨秀江南知有意要三二別四方壺

乞數珠一首贈南禪湜老

從君覓數珠老境仗消遣未敢轉千佛且從千佛轉
儒生推變化乾策數大衍道士守玄牝龍虎看舒卷
我老安能為萬刼付一喘默坐閱塵界往來八十反
區區我所寄蜃縮蠶在甕適從海上回蓬萊又清淺

鬱孤臺 再過虔州和前韻

吾生如寄耳嶺海亦閑遊贛石三百里寒江尺五流
楚山微有霰越瘴久無秋望斷橫雲嶠魂飛吒雪洲
曉鐘時出寺莫鼓各鳴樓歸路迷千嶂勞生閱百州
不隨猿鶴化甘作賈胡留秪有貂裘在猶堪買釣舟

虔守霍大夫監郡許朝奉見和此詩復次

前韻

大邦安靜治小院得閑游贛水雨已漲廉泉春水流
同烹貢茗雪一洗瘴茅秋秋思生蓴鱠寒衣待橘洲
揚雄未有宅王粲且登樓老境無多日歸心夢幾州
敢因逃酒去端爲和詩留舊篋藏新語清風自滿舟

贈虔州術士謝君

屬國新從海外歸君平且莫下簾帷前生恐是盧行
者後學過呼韓退之死後人傳戒定慧生時宿直斗
牛箕憑君爲筭行年看便數生時到死時

虔州景德寺榮師湛然堂一首

卓然精明念不起兀然灰槁照不滅方定之時慧在定定慧寂照非兩法妙湛揔持不動尊默然真入不二門語息則默非對語此話要將周易論諸方人人把雷電不容細看真頭面欲知妙湛與揔持更問江東三語掾

和陽行先一首 用鬱孤臺韻

室空惟法喜心定有天游摩詰元無病須洹不入流苦嫌尋直枉坐待寸田秋雖未麒麟閣已逃鸚鵡洲酒醒風動竹夢斷月窺樓衆謂元德秀自稱陽道州扳葵終相魯辟穀會封留用舍俱無礙飄然不繫舟

用數珠韻贈湜長老

嗣宗雖不言叔寶猶理遣東坡但熟聽一夕一展轉
南遷昔虞翻却掃今馮衍古佛既手提諸方皆席卷
當年清隱老鶴瘦歸不喘和我彈丸詩百發亦百反
耆年日凋喪但有犢角璽時來窺方丈共笑虎毛淺

和猶子遲贈孫志舉

軒裳大爐鞲陶冶一世人從衡落模範誰復甘飢貧
可憐方回癡初不疑嘉賓頗念懷祖黠瞋兒與兵姻
失身墮浩渺投老無涯垠回看十年舊誰似數子真
孫郎表獨立霜戟交重闉深居小汝覿豈問親與隣

連枝皆秀傑英氣推伯仁我從海外歸喜及崆峒春
新年得異書西郭有逸民陽行先以登真隱訣見借小孫又過我
歡若平生親清詩五百言句句皆絕倫養火雖未伏
要是丹砂銀我家六男子朴學非時新詩詞各璀璨
老語徒周諄頗言敦夙好永與竹林均六子豈可忘
從我屢厄陳

南禪長老和詩不已故作六蟲篇荅之

鳳凰覽德輝遠引不待遣鷫鸘戀庭宇倏忽來千轉
那將坐井蛙而比談天衍蠹魚著文字槁死猶遭卷
老牛疲耕作見月亦妄喘東坡方三問南禪已五反

老人但目擊侍者應足璽最後六蟲篇深寄恨語淺

明日南禪和詩不到故重賦數珠篇以督

之二首

未來不可招已過那容遣中間見在心一一風輪轉

自從一生二巧歷莫能衍不如袖手坐六用都懷卷

風雷生謦欬萬竅自號喘詩人思無邪孟子內自反

大珠分一月細綆合兩璽纍然挂禪床妙用夫豈淺

朝來取飯化乃是維摩遣全鋒雖未露半藏已曾轉

說有陋裴頠談無笑王衍看經聊爾耳遮眼初不卷

三咤故自醒一吷何由喘請歸視故櫝靜夜珠當反

安居三十年古衲磨山蠒持珠尚默坐豈是功用淺

用前韻再和霍大夫

文字先生飲（謂劉中執）江山清獻游典刑傳父老尊俎繼風流度嶺逢梅雨還家指麥秋自憖鴻鴈侶爭集稻梁洲野闊横雙練城堅聳百樓行看鳳尾詔却下虎頭州君意已吴越我行無去留歸塗應食粥乞米使君舟

用前韻再和許朝奉

高門元世舊客路曉追游清絶聞詩語踈通豈法流傳家有衣缽斷獄盡春秋邂逅陪車馬尋芳謝眺洲

淒涼望鄉國得句仲宣樓恨賦投湘水悲歌祀柳州
何如五字律相與一樽留更約登塵壓外歸時月滿舟

用前韻再和孫志舉

人衆者勝天天定亦勝人鄧通豈不富郭解安得貧
驚飛賀厦鷰走散入幕賓醉眠中山酒夢結南柯姻
寵辱能幾何悲歡浩無垠回視人間世了無一事真
洒掃古玉局香火通帝闉我室思無邪我堂德有鄰
所至為鄉里事賢友其仁之子富經術蔚如井火春
蜿蟺楚南極淋氣生此民唱高和自寡非我誰當親
譬彼嶰谷竹翦裁侍伶倫俗學吁可鄙紙繒配芻銀

聊將調癡鬼亦復爭華新顧子事篤實浮言掃譫諄
窮通付造物得喪理本均期子如太倉會當發陳陳

崔文學甲携文見過蕭然有出塵之姿問
之則孫介夫之甥也故復用前韻賦一篇
示志舉

象服盛簪珥豈是邢夫人弊衣破冠屨可憐范叔貧
君看崔員外晚就觀國賓當年頗赫赫翁媼爭為姻
事見退之贈崔員外詩 蹭蹬阻風水横斜挂邊垠青衫映白髮
今似梅子真道存百無害甘守吴市闉自言揔角歲
慈母為擇鄰邦人驚似舅矯矯惡不仁詩文非他師

家法乃富春豈非空同秀為國產儁民挺然齊魯生
近出姬姜親為文不在多一頌了伯倫清詩要鍛鍊
乃得鉛中銀自我遷嶺外七見榧火新著書已絕筆
一默含千諄蕢桴和葦籥天節非人均時時自娛嬉
豈為俗子陳

畫車詩二首

何人畫此隻輪車便是當年欹罷圖上易下難須審
細左提右挈免蹉虞
九衢歌舞頌主明誰惻寒泉獨自清賴有千車能散
福化為膏雨滿重城

虔州吕倚承奉年八十三讀書作詩不已

好收古今帖貧甚至食不足

楊雄老無子馮衍終不遇不識孔方兄但有靈照女家藏古今帖墨色照箱筥飢來據空案一字不堪煑枯腸五千卷磊落相撑拄吟為蜩螿聲時有虫可句為語里長者德齒敬已古如翁有幾人薄少可時助

王子直去歲送子由北歸往反百舍今又

相逢贑上戲用舊韻作詩留别

米盡無人典破裘送行萬里一鄒游解舟又欲携君去歸舍聊須與婦謀聞道年來丹伏火不愁老去雪

纍頭刺買山田添鶴口廟堂新拜富民侯

次韻江晦叔二首

人老家何在龍眠雨未驚酒船回太白稚子候淵明
幸與登仙郭同依坐嘯成小樓看月上剩欲到參橫
鐘鼓江南岸歸來夢自驚浮雲世事改孤月此心明
雨已傾盆落詩仍巉水成二江爭送客木杪看橋橫

次韻江晦叔兼呈題之

橫空初不跨鵬鰲但覺胡床步步高題之言嘗夢飛 自覺身與所坐
床皆起 空中一枕晝眠春有夢扁舟夜渡海無濤歸來又
見顛茶陸多病仍逢止酒陶笑說南荒底處所秖今

榕葉下亭皐

寒食與罷之游南塔寺寫照堂

城南鍾鼓鬪清新端為投荒洗瘴塵總是鏡空堂上客誰為寀照鏡中人紅英掃地風驚曉綠葉成陰雨洗春記取明年作寒食杏花曾與此翁鄰

罷之好談禪不喜游山山中笋出戲語罷之可同參玉板長老作此詩

叢林真百丈法嗣有橫枝（玉板橫枝竹笋也）不怕石頭路來參玉板師聊憑柏樹子與問籜龍兒瓦礫猶能說此君那不知

永和清都觀謝道士童顏鬒髮問其年生於丙子蓋與予同求此詩

鏡湖勑賜老江東未似西歸玉局翁羇枕未容春夢斷青都宛在黙存中每逢佳境携兒去試問流年與我同自笑餘生消底物半篙清漲百灘空予與劉罷之同發虔州江水忽清漲丈餘贛右三百里無一見者至永和罷之解舟先去予獨游清都作此詩

贈詩僧道通

雄豪而妙苦而腴秖有琴聰與蜜殊錢塘僧思聰總角善琴後捨琴而學詩復棄詩而學道其詩似皎然而加雄放安州僧仲殊詩斂捷立成而工妙絕人遠甚殊辟穀常啖蜜語帶煙霞從古少李太白云他人之文如山無煙霞春無草木氣含蔬

筓到公無（謂無酸餡氣也）香村乍喜聞薝蔔古井惟愁斷轆轤為報韓公莫輕許從今島可是詩奴

張競辰永康所居萬卷堂

君家四壁如相如卷藏天祿吞石渠豈惟鄴侯三萬軸家有世南行秘書兒童拍手笑何事笑人空腹談經義未許中郎得異書且共揚雄說奇字清江縈山碧玉環下有老龍千古閑知君好事家有酒化為老人夜扣關留侯之孫書滿腹玉函寳方何用讀濠梁空復五車多圯上從來一篇足

劉壯輿長官是是堂

間燕言仁義是非安可無非非非義之屬是是仁之徒
非非近乎訕是是近乎諛當為感麟翁善惡分錙銖
抑為阮嗣宗臧否兩含糊劉君有家學三世道益孤
陳古以刺今紬史行天誅皎如大明鏡百陋逢一姝
鶚立時四顧何由擾群狐作堂名是是自說行坦途
孜孜稱善人不善自遠徂願君置坐右此語禹所謨

予昔作壺中九華詩其後八年復過湖口

則石已為好事者取去乃和前韻以自解

云

江邊陣馬走千峯問訊方知冀北空尤物已隨清夢

斷（劉夢得以九華爲造物一尤物）眞形猶在畫圖中（道藏有五嶽眞形圖）歸來晚歲同元亮却掃何人伴敬通賴有銅盆修石供仇池玉色自璁瓏（家有銅盆貯仇池石正綠色有洞水達背予又嘗以怪石供佛印師作怪石供一篇）

次韻郭功甫二首

蚤知臭腐即神奇海北天南摠是歸九萬里風安稅駕雲鵬今悔不卑飛

可憐倦鳥不知時空羨騎鯨得所歸玉局西南天一角萬人沙苑看孤飛

次韻法芝舉舊詩一首

春來何處不歸鴻非復羸牛踏舊蹤但願老師真似月誰家甕裏不相逢

次舊韻贈清涼長老

過淮入洛地多塵舉扇西風欲汙人但怪雲山不改色豈知江月解分身安心有道年顔好遇物無情句法新送我長蘆舟一葉笑看雪浪滿衣巾

睡起聞米元章到東園送麥門冬飲子一首

一枕清風直萬錢無人肯買北牕眠開心暖胃門冬飲知是東坡手自煎

夢中作寄朱行中

舜不作六器誰知貴璵璠哀哉楚狂士抱璞號空山
相如起睨柱頭璧相與還何如鄭子產有禮國自閑
雖微韓宣子鄙夫亦懷環至今不貪寶凜然照塵寰

答徑山琳長老

與君皆丙子各已三萬日一日一千偈電往那容詰
大患緣有身無身則無疾平生笑羅什神呪真浪出

東坡後集卷第七